全球治理中国际法的地位与作用研究

黄 杰◎著

吉林大学出版社

·长春·

图书在版编目(CIP)数据

全球治理中国际法的地位与作用研究 / 黄杰著. --
长春:吉林大学出版社,2021.3
　　ISBN 978-7-5692-8218-4

　　Ⅰ. ①全… Ⅱ. ①黄… Ⅲ. ①国际法－研究 Ⅳ.
①D99

中国版本图书馆CIP数据核字(2021)第077460号

书　　名　全球治理中国际法的地位与作用研究
　　　　　QUANQIU ZHILI ZHONG GUOJIFA DE DIWEI YU ZUOYONG YANJIU
作　　者　黄杰 著
策划编辑　李伟华
责任编辑　李伟华
责任校对　张维波
装帧设计　黄诗琪
出版发行　吉林大学出版社
社　　址　长春市人民大街4059号
邮政编码　130021
发行电话　0431-89580028/29/21
网　　址　http://www.jlup.com.cn
电子邮箱　jdcbs@jlu.edu.cn
印　　刷　武汉清霆彩印有限公司
开　　本　787mm×1092mm　　1/16
印　　张　13.5
字　　数　190千字
版　　次　2022年1月　第1版
印　　次　2022年1月　第1次
书　　号　ISBN 978-7-5692-8218-4
定　　价　58.00元

前言

　　在全球化时代，人类文明的多元发展、冲突、融合反映为法律关系的多元发展、冲突和融合。全球治理(Global Governance)的理论在20世纪90年代被提出，并在实践上获得一定的发展。全球治理指的是顺应世界多极化趋势而对全球公共事务进行共同管理。全球治理是解决全球问题的重要途径。它超越了以往的国家治理及国际治理模式，是一套全新的，更有效的管理和解决全球问题的国际制度。构建能够为国际社会共同遵守，对全球公民都具有约束力的国际法是进行全球治理的关键和前提。

　　我们不仅生活在一个全球化世界，而且处于一个全球治理时代。在这个时代，国际社会已经出现一个以国际法为主实现法治的基本模式，这就是"国际法之治"。全球治理是国际法管理全球公共事务的方式，而国际法是全球治理的核心和基础。

　　随着时代的不断发展，全球化日益加深，各国之间的合作也不断深化。在这个大背景下，对于全球治理中的国际法而言，面临着挑战和机遇。首先，现在的国际体系在转型和发展，这就使得国际法需要根据这种趋势做出相应的调整和完善；其次，在体系转型期间，国际法面对这些挑战如何找出解决的方法，如何找出这些挑战出现的根源；最后，在全球治理这个大环境下，需要明晰国际法治的基本架构，从而要有针对性地探究国际法的地位与作用。

经济全球化的加深，难免会暴露当下的国际法的局限性，因此，我们便要明确全球治理中标准与国际法之间是相互矛盾的关系，还是相互完善的关系。因此，需要对标准在国际法渊源中的地位追根溯源，厘清国际法如何增进标准的整合功能与公共价值，只有这样才能让标准促进国际法的创设与执行。

在明晰了全球治理中国际法的背景、地位、局限和所面临的挑战后，就需要重视国际法的遵守与实施了。国际法之所以要被遵守，是存在着理论依据的，针对这些依据以及全球治理这个大环境，需要明确国际法遵守的推进策略。

对于全球治理中的国际法来说，不仅要对理论有一个较为透彻的理解，也需要对全球治理和国际法有清晰的认知。因此，我们需要与时俱进，随着时代的发展促进国际法的完善，从而进一步促进全球政治、经济、文化等的发展。

目 录

第一章 概念与现状
——国际法与全球治理

第一节 国际法产生的渊源

"国际法渊源"一词是明文规定在国际条约中的。1945年《联合国宪章》的序言指出"尊重由条约与国际法其他渊源而起之义务";1969年《维也纳条约法公约》明确要求各缔约国承认"条约为国际法渊源之一"。1945年签署的《国际法院规约》第三十八条作为国际法学界公认的对国际法渊源的权威说明,再次规定了条约、国际习惯和一般法律原则这三个国际法的渊源。可见,"国际法渊源"是一个法律概念,但是条约并未规定国际法渊源的定义。

《奥本海国际法》在阐述国际法渊源时指出,法律规则的"渊源"这一概念是重要的,因为它能使法律规则得到认定并与其他规则相区别。[①]

我国国际法学家李浩培先生曾指出,国际法的概念和国际法的渊源是国际法学上的两个基本问题。只有在对这两个问题的答案获得了清楚和正确的理解时,才对国际法的研究有了必要的基础,才可以循序渐进,在国际法的知识方面达到较高的境界。

国际法学界认识到国际法渊源问题的重要性,几乎所有的国际法教材和著作都将"国际法的渊源"问题作为专题进行阐述;几乎所有的

---

①李猛. 全球治理变革视角下人类命运共同体理念的国际法渊源及其法治化路径研究[J]. 社会科学研究,2019(04):72-86.

国际法学者都试图对其作出定义。遗憾的是,对国际法渊源的定义国际法学界迄今未形成基本共识。对此,国际法学家们也坦承,国际法渊源问题是一个分歧严重的复杂问题。

劳特派特指出,不同的国际法作者像一般法律的作者一样,使用"法律的渊源"一词是有不同意义的。周鲠生先生也认为,关于国际法的渊源,学者的看法不一致。王铁崖先生也指出,关于国际法的渊源,有各种各样的说法,在国际法上,法律的渊源从来是国际法学者众说纷纭的一个复杂问题。

以上这些国际法学家都是我国学界公认的国际法权威学者,他们在阐述国际法渊源的外延时,理论观点几近一致,都认为国际法渊源的外延包括条约、国际习惯和一般法律原则这三种形式;但在论述国际法渊源的内涵时,理论观点却迥然各异。于是就产生了一个矛盾:既然国际法渊源的外延是确定一致的,为何国际法渊源的定义却是截然不同的呢?这种矛盾的理论学说在国际法学界形成了一大理论误区,且至今困扰并影响着国际法学界。

还应指出的是,国际法学界一般将"国际法渊源"与"国际法的渊源"这两个意义不同的概念与名称不加区分地使用。其实"国际法渊源"作为理论概念,其与"国际法的渊源"这一名称是有区别的,两者不应该相互通用。"国际法的渊源"通常是指国际法渊源的具体表现形式,也就是指国际法渊源的外延。

既然国际法权威学家们对国际法渊源的外延持相同之观点,那么关于国际法渊源的定义也理当一致,造成此理论误区的关键在于国际法渊源的定义。有鉴于此,笔者通过对国际法权威学者关于国际法渊源定义的理论及其矛盾的剖析,试图揭示国际法渊源的科学定义。

一、关于国际法渊源的外延之理论共识

如上所述,中外国际法权威学者在阐述国际法渊源的外延时,理论观点几近一致。他们根据《国际法院规约》(以下简称《规约》)第三十八条第一款的规定,认为国际法的渊源表现为条约和国际习惯,还

包括一般法律原则。周鲠生先生虽然否定一般法律原则是国际法的渊源,但他对条约和国际习惯作为国际法的渊源的观点是确定无疑的。

(一)《奥本海国际法》指出了国际法渊源的三种形式

劳特派特认为,不同的国际法作者对于国际法渊源的种类和数目有着极不一致的意见。这里的"种类"是指国际法渊源的表现形式,具体指向国际法渊源的外延,即条约、国际习惯和一般法律原则;这里的"数目"是指国际法渊源的数量。在国际法学界,通常将以上三种国际法渊源的具体表现形式称为"国际法的渊源"。

劳特派特修订的《奥本海国际法》第八版首先指出了国际法的两个渊源:一是"明示同意",指的是各国缔结的条约;二是"默示同意",指的是各国服从的国际习惯。同时还指出一般法律原则是国际法的第三个渊源。对此,詹宁斯、瓦茨修订的《奥本海国际法》第九版持相同的观点,认为国际习惯是最古老和原始的渊源;在历史上,条约是国际法的第二个渊源;一般法律原则像条约和习惯一样被包含在《规约》第三十八条之中。可见,詹宁斯、瓦茨所确认的国际法的渊源也是包括了条约、国际习惯和一般法律原则的。

(二)王铁崖和李浩培确认了国际法的三个渊源

王铁崖先生主编的《国际法》教科书及其专著《国际法引论》都确认了国际法的三个渊源。其与劳特派特和詹宁斯、瓦茨的观点一致,而李浩培先生的观点亦是如此。

王铁崖先生指出,大家都承认的"国际法的渊源主要是两个,即条约和习惯"。一般法律原则与条约和国际习惯有别,因而成为国际法的渊源,但它不是独立的国际法渊源。其认为,国际法的渊源是条约、习惯和一般法律原则。同时还认为《规约》第三十八条的规定既包括了条约、习惯和一般法律原则,又有两项"补助资料",可以说包括了国际法渊源的基本内容。王铁崖先生认为,尽管国际法学者对于国际法渊源的含义见解不同,但一般都认为,国际法的渊源主要有两种:条约和习惯。他又指出,按照《规约》之规定,除了条约和国际习惯之外,可以作为国际法渊源的还有一般法律原则。可见,他所认定的国际法渊源,也是包括了条约、国际习惯和一般法律原则的。

对此,李浩培先生认为,关于国际法的形式渊源,《规约》中有明文规定,《规约》所列举的条约、国际习惯和一般法律原则是国际法的主要渊源,或称第一位渊源。这就是说,李浩培同样认为条约、国际习惯和一般法律原则作为国际法的三个渊源。

(三)周鲠生确认条约和国际习惯是国际法的渊源

周鲠生先生认为,国际法的渊源是指国际法作为有效的法律规范所以形成的方式或程序。这个意义上的渊源才是国际法的渊源,它们只有惯例和条约两种。他还指出,一般法律原则是国内法的原则,只有通过习惯或条约证实其已被公认,才能成为国际法原则,即它不能另外成为一个国际法渊源。应当指出的是,周鲠生先生对于一般法律原则的见解并不正确,所以其否定一般法律原则是国际法的渊源的观点是错误的,但他对条约和国际习惯是国际法的渊源的观点与上述学者并无二致。

综上可见,中外国际法权威学者将国际法渊源的外延都指向了条约、国际习惯和一般法律原则这三种形式。既然如此,对国际法渊源的定义不应该也不可能指向其他与上述国际法渊源的外延不相对应的内涵。

(四)《规约》第三十八条对国际法渊源的权威说明

几乎所有的国际法学者在阐述国际法渊源时,皆把《规约》第三十八条作为国际法渊源的权威说明。根据《规约》第三十八条第一款之规定,法院对于陈诉各项争端,应依国际法裁判之,裁判时应适用:(子)不论普遍或特别国际协约,确立诉讼当事国明白承认之规条者;(丑)国际习惯,作为通例之证明而经接受为法律者;(寅)一般法律原则为文明各国所承认者;(卯)在第五十九条规定之下,司法判例及各国权威最高之公法学家学说,作为确定法律原则之补助资料者。

以上各项规定虽未提及国际法渊源,但明确规定了国际法院在裁判案件时应当适用的国际法,并且载明了条约、国际习惯和一般法律原则这三个国际法的渊源。因此,国际法学界一致认为,《规约》的上述规定就是对国际法渊源最具权威的说明。

对此,劳特派特认为,习惯和条约是国际法的两个渊源。《规约》明确承认了这一点。针对学者关于一般法律原则的争论,他认为,《规约》第三十八条第三项在国际法历史上是一个重要的标志,因为《规约》的缔约国明确地承认了国际法存在着第三个渊源。《规约》第三十八条第三项是宣示现行法律的。王铁崖先生认为,《规约》第三十八条虽未提及国际法的渊源,但它规定了国际法院在裁判案件时所应适用的法律。因此,此条规定是对国际法渊源的权威说明。他列举了西方学者认为《规约》第三十八条作为国际法渊源权威说明的理论,也指出了个别西方学者的不同观点。王铁崖先生坚持认为,《规约》第三十八条第一款的规定通常被认为是国际法渊源的权威说明。

由此可见,劳特派特和王铁崖都是根据《规约》第三十八条的规定来确定国际法的三个渊源的。

周鲠生先生在论述国际法渊源时所依据的也是《规约》第三十八条之规定。他在阐述国际习惯这一国际法的渊源时认为,按照《规约》第三十八条的规定,国际法院应当适用国际习惯作为通例之证明而经接受为法律,这就表明,习惯是各国的一般实践被接受为法律的。虽然其基于对一般法律原则含义的误解,而否定一般法律原则是国际法的渊源;但是他也承认,由于《规约》第三十八条第一款第三项规定了"一般法律原则",西方国际法学家据此肯定一般法律原则为第三个国际法的渊源。

可见,国际法权威学家们不仅公认《规约》第三十八条是对国际法渊源的权威说明,而且对国际法渊源的阐述也都依据该条的规定而展开。

应当指出,《规约》规定的"应依国际法裁判之",是指依照国际法的原则和规则来裁判。《规约》规定的"裁判时应适用"的内容,实则就是国际法的渊源——条约、国际习惯和一般法律原则。国际法的原则和规则只有包含在《规约》所规定的这些国际法的渊源中,国际法实践中才能确定其现实存在和确实有效,也才能被运用于审判和仲裁实践。

二、以"法律渊源"定义"国际法渊源"的理论错误

《奥本海国际法》的修订者劳特派特和詹宁斯、瓦茨都未直接定义国际法渊源,而是以"法律渊源"的概念替代"国际法渊源"的定义。王铁崖先生虽首次尝试了对国际法渊源直接给出了定义,但之后他又回避并自我否定了这一定义,代之以"法律渊源"的概念。应当肯定,他们的定义指出了国际法渊源概念的基本理论,阐明了国际法渊源的外延,但都未能完整地揭示出国际法渊源的内涵及其特征。笔者认为,虽然国际法具有一切法律之共性,但国际法是有别于国内法的特殊法律体系,它的渊源自然不同于国内法的渊源。"法律渊源"的概念看似"一般法"意义上的概念,涵盖了所有的法律领域,但它一般用于阐述国内法的渊源,明显倾向于国内法的概念。是故,用"法律渊源"的概念根本无法阐明"国际法渊源"的定义。

(一)劳特派特以"法律渊源"的概念定义"国际法渊源"

劳特派特试图以"法律渊源"的概念来定义国际法渊源,但最终未能阐明国际法渊源的定义。其似是而非的定义直接影响了《奥本海国际法》第九版的修订者詹宁斯、瓦茨的观点,同样也影响到我国国际法学者关于国际法渊源的理论观点。

1.劳特派特对"法律渊源"的定义

劳特派特认为,"渊源"就是泉源或水源,也就是指水从地面自然流出的"地方",正如看到水流在地面上一样,也可以说法律规则流在法律流域上。这些规则发生的地方那就是它们的渊源。它们是来自一个社会的历史发展中的种种事实。据此,他认为,"法律渊源"是一个名称,用以指行为规则由此发生并取得法律效力的历史事实。

劳特派特关于"法律渊源"的定义包含了如下两层含义。

其一是指行为规则发生的地方("由此发生")。根据他所列举的英国国会立法而产生许多法律规则的表述,这个"行为规则"发生的"地方",是指一国的立法机关产生的法律。其二是指行为规则取得法律效力的"历史事实"。根据他关于国际法渊源的"种类和数目"的阐述,这个行为规则取得法律效力的"历史事实"是指国际法渊源的"种类和数目",也就是国际法渊源的外延。他认为,国际法是以国家的共同同意为根据的,能够产生这种"共同同意的事实"有多少,就有多少个国际法的渊源。所以,这个"历史事实"就是指国际法的渊源。劳特派特的这一概念指出了法律渊源的一些特征,比如,行为规则发生于"法律"的形式。但是,根据他所列举的国内立法可见,他所指的"法律"形式是国内法律。因此,这个概念并不能作为国际法渊源的定义。我们从国际法渊源的视角解读这个定义,可以阐释为国际法规则发生的地方并取得法律效力的历史事实。这个"历史事实"指的就是国际法的渊源,即条约、国际习惯和一般法律原则。

2. 劳特派特"法律渊源"定义之理论矛盾

劳特派特对"法律渊源"的定义是将行为规则发生的地方表述为国家的立法机关制定的法律,将行为规则取得法律效力的"历史事实"指向国家之间形成的国际法的渊源,即条约、习惯和一般法律原则。可见,这个定义是"一般法"意义上的概念,将其用来定义国际法渊源,无法完整地揭示出国际法渊源的内涵及特征。换言之,将行为规则的发生指向一国的立法机关,不符合国际法的特征。一国立法机关的立法所产生的是国内法律,而非国际法律。劳特派特的定义与其所指的国际法的渊源,即条约、国际习惯和一般法律原则是不一致的,因为国内的立法机关只能产生国内法的渊源,不可能产生国际法的渊源。连劳特派特自己也认为,国际社会不是一个与国家相类似的社会,它没有一个制定法律的中央权威。由此可见,劳特派特的这个"法律渊源"的定义明显地倾向于国内法的渊源,它不能也不应成为国际法渊源的定义。

3.劳特派特并未直接定义"国际法渊源"

劳特派特在其修订的《奥本海国际法》第八版中专设了"国际法的渊源"一节,试图阐明国际法渊源的定义等理论问题。他首先论述了"法律渊源"的概念,接着又分列标题阐述了"国际法的两个渊源",其后还补充阐述了国际法的"第三个渊源"。这种论证方法和编排体例极易让读者以为他所定义的"法律渊源"就是国际法渊源的概念。笔者相信,其目的也是为了阐明国际法渊源的概念,只不过是用了"法律渊源"的表述来论证"国际法渊源"。这至多只能说,其"法律渊源"的概念指代了"国际法渊源"的概念。

但是,国际法渊源与国内法渊源是完全不同的,"法律渊源"的概念不能用来替代国际法渊源的定义。据此,笔者认为,劳特派特实际上并未直接阐述国际法渊源的概念。如果说这个"法律渊源"的概念就是国际法渊源的定义,显然是混淆了法律渊源与国际法渊源的区别。

应当指出的是,劳特派特关于"法律渊源"的定义在我国国际法学界影响最深,其理论观点被很多国际法学者援引。

(二)王铁崖对国际法渊源的定义与自我否定

1.王铁崖直接定义国际法渊源的尝试

王铁崖先生在其1981年主编的中华人民共和国第一本《国际法》教材中认为:"国际法的渊源是指国际法原则、规则和规章、制度第一次出现的地方。"这是我国国际法学者第一次直接对国际法渊源作出的定义。在这个简要的定义中,其将国际法规范"第一次出现的地方"指向了条约、国际习惯和一般法律原则这些国际法的渊源。

对照劳特派特关于法律渊源的理论,王铁崖先生关于国际法渊源的定义中,"第一次出现的地方"就是劳特派特所指的法律规则"由此发生"(发生的地方)。两者对渊源定义的表述有相同的内容,但亦有明显的区别。其一,劳特派特所定义的是"法律渊源",而王铁崖则直接对"国际法渊源"作定义。其二,劳特派特将行为规则发生的地方指向国内立法,而王铁崖将"第一次出现的地方"直接指向条约、国际习惯和一般法律原则这三个国际法的渊源。其三,劳特派特的定义指出了行为规则"取得法律效力"这一国际法渊源的内涵,而王铁崖的定义并未揭示这个重要特征。

应当指出,王铁崖先生把条约、国际习惯和一般法律原则这些国际法渊源的外延表述为"地方",作为法律概念并不规范。对此,有学者还认为,将渊源理解为"第一次出现的地方"并不确切,因为任何法律规则的内容都可能在某著作或文件中第一次出现。比如,"海洋自由"原则最早是格劳秀斯在其1690年的《海洋自由论》中提出的,"不干涉别国内政"原则首见于1793年法国的《国家权力宣言》草案,但这两者都不能说是国际法的渊源。

2. 王铁崖对国际法渊源定义的自我否定

王铁崖先生1995年主编的《国际法》教材在我国国际法学界非常具有影响力。该书在阐述"国际法的渊源"时认为,"法律渊源"是指法律原则、规则和规章、制度第一次出现的地方。可见,此处他又把自己定义的"国际法渊源"的概念换成了"法律渊源"的概念,且未说明这个"法律渊源"就是指"国际法渊源"。显然,王铁崖先生回避了国际法渊源的定义,而代之以"法律渊源"的概念,这是他对自己之前所作的国际法渊源定义的否定。然而,"法律渊源"的概念并不是"国际法渊源"的概念,也不能代替"国际法渊源"的定义。如果非要说这个法律渊源的概念就是国际法渊源的定义,那么就与劳特派特的定义一样,混淆了两种渊源之间的区别。王铁崖自己也曾言"任何法律都有它的渊源:国内法有国内法的渊源,国际法也有国际法的渊源"。

3. 王铁崖对国际法渊源定义的自我修正

在1998年出版的《国际法引论》中,王铁崖先生认为,国际法的渊源,作为原则、规则和制度存在的地方,还是一个有用的概念。这个概念指明国际法的存在,或者作为一些原则、规则和制度成为国际法的途径。此处关于"指明国际法的存在""成为国际法的途径"等表述,实则与国际法渊源的特征有关,但这些论述看似在阐述国际法渊源的概念,却又不是对国际法渊源的正式定义,姑且可看作是王铁崖对其1995年主编的《国际法》教材中关于法律渊源概念的修正。因为在此版教材中,其并没有给国际法渊源直接下定义。

王铁崖先生将国际法渊源的概念表述为国际法规范"存在的地方",其意与国际法规范"出现的地方"是相同的,这个国际法规范"存在"或"出现"的"地方"就是条约、国际习惯和一般法律原则,并且他认为这个概念指明了一些原则、规则和制度成为国际法的途径,而这个"途径"也是指条约、国际习惯和一般法律原则这三个国际法的渊源。

由上可见,王铁崖先生关于国际法渊源的定义是前后矛盾的。他在1981年主编的《国际法》教材中对国际法渊源作了定义,在1995年主编的《国际法》教材中又回避了国际法渊源的概念,而代之以"法律渊源"的概念,实质上是否定了其先前所作的国际法渊源的定义。但是,在1998年的《国际法引论》中,他又提出了国际法渊源的定义问题,且修正了之前给出的定义。

三、以分类方法定义国际法渊源的理论矛盾

周鲠生先生和李浩培先生等一些国际法学家通过对国际法渊源进行分类的方法,试图阐明国际法渊源的概念,但结果却使国际法渊源的概念变得更加复杂。应当指出的是,若要对国际法的渊源分类,应首先明确国际法渊源的内涵;其次才应按一定的依据或标准进行分类。而他们在未阐明国际法渊源内涵的情况下,直接对国际法渊源进行了分类,甚至有的分类还出现了互不对称的情况。

王铁崖先生是反对国际法渊源分类的。他认为,在国内法上,形式渊源是造法的宪法机构,由宪法确定法律规则的地位。在国际社会中,并没有造法的宪法机构,因此,国际法不可能有所谓的"形式渊源",国际法上也没有所谓的"形式渊源"与"实质渊源"之分。英国国际法学家布朗利也认为,在国内法制度中,形式渊源的概念是指法律制定的宪法体制,规则的地位是由宪法予以确立的。而在国际关系的

背景下,形式渊源术语的使用令人困惑并且产生误导,国际法规则的建立不存在这种方式。

应当承认,周鲠生先生和李浩培先生关于国际法渊源概念的一些阐述还是比较贴近国际法渊源的本质的,而且不同程度地揭示了国际法渊源的特征。

(一)周鲠生对国际法渊源的分类和定义

周鲠生先生在其《国际法》一书中专设了"国际法的渊源"一节,通过对国际法渊源分类的方法,来阐明国际法渊源的概念,但结果却使得国际法渊源的概念变得复杂化。

1.周鲠生对国际法渊源的分类及其错误

周鲠生先生认为,所谓国际法的渊源可以有两种意义:其一是指国际法作为有效的法律规范所以形成的方式或程序;其二是指国际法规范第一次出现的处所。同时指出,前一意义的渊源才是国际法的渊源,应该说只有惯例和条约两种,后一意义的渊源只能说是国际法的历史渊源。由此可见,其本意是将国际法渊源定义为"国际法规范"形成的"方式或程序",但在论述中,却把这个"方式或程序"表述为国际习惯和条约自身作为形成法律的方式。

周鲠生先生将"国际法的渊源"作为其对国际法渊源分类的其中一个种类,那么与之相对应的则应是"国内法的渊源",然而,他却把"国际法的渊源"与"历史渊源"相对应。其实,若将国际法的"历史渊源"划分为国际法渊源的一个种类,那么与之相对应的则应是国际法的"现实渊源"。所以说,这两个种类相互之间出现了互不对称的情况。

周鲠生先生认为,国际法作为有效的法律规范所以形成的方式或程序,这"才是"国际法的渊源。这个"才是"说明他所划分的"其他"渊源,实则不是国际法的渊源。他认为,国际法的"历史渊源",是指习惯、条约之外尚有各式各样的渊源。国际法的某个规范最初可以表现为学者的著述,也可以是某国的国内法等。对此,周鲠生先生自己也承认,这类渊源本身只具有历史的意义,这些初次出现的规范在形成国际习惯以前不具有国际法的效力。这就是说,国际法的历史渊源是条约和国际习惯之外的渊源,实质上不是国际法的渊源,也不是国际法。倘若如此,那么周鲠生先生关于国际法渊源的分类也就不具有实际意义了。

2.周鲠生对国际法渊源的定义及其矛盾

周鲠生先生在对国际法渊源分类时,给国际法的渊源作了定义,即指"国际法有效规范所以形成的方式或程序"。这个"方式或程序"正确的解释应当是指国际法的渊源作为国际法规范形成的方式。但其在解释此概念时却发生了错误。他认为,国际法的渊源只是自身作为形成法律的方式那两个渊源,即惯例和条约。也就是说,他定义的这个"方式"是指条约和国际习惯本身成为法律的方式,而非国际法规范形成的方式。这就会让人误解为国际法渊源是条约和国际习惯形成的"方式",这种阐释与他自己对国际法渊源的定义也是相悖的。

周鲠生先生所指的国际法的"历史渊源",与王铁崖先生定义的国际法渊源和法律渊源的表述相同,都是指国际法规范"第一次出现"的"地方"或"处所",但两者的内涵却截然不同。

王铁崖关于国际法规范第一次出现的"地方",直接指条约、习惯和一般法律原则这三个国际法的渊源;而周鲠生所指的国际法规范第一次出现的"处所",实则是尚未形成国际法的历史资料(其称为历史渊源)。可见,周鲠生所称的"国际法的历史渊源"实则是国际法的起因,其本身不是国际法,更不是国际法的渊源。因此,周鲠生把国际法的历史资料称为"国际法的历史渊源",其实是混淆了法律的起因与法律的渊源之间的区别。

而且,定义中的这个"方式或程序"的表述亦不准确。这个"方式"或"程序"看似选择性的,使人误解为既有方式又有程序,但实则是一回事,就是指"方式"。其中,"程序"一词纯属多余,并无任何意义。如上所述,周鲠生自己也是只用"方式"一词来表达的。

（二）詹宁斯、瓦茨对国际法渊源的分类和定义

詹宁斯、瓦茨修订的《奥本海国际法》第九版同样有关于"国际法的渊源"一节。他们指出了国际法的形式渊源与实质渊源的区别，实质上就是对国际法渊源进行了分类，但并未阐述渊源和法律渊源的概念，也未直接对国际法渊源给出定义。

1.詹宁斯、瓦茨对国际法渊源的分类及其错误

詹宁斯、瓦茨认为还要指出国际法的形式渊源和实质渊源之间的区别。国际法的形式渊源是指国际法规则产生其有效性的渊源，而国际法的实质渊源则表明该国际法规则的实质内容的出处。例如，某一规则的形式渊源可以是国际习惯，而它的实质渊源可能在于许多年以前缔结的一项"双边条约"或某个国家的单方声明。应当指出，詹宁斯、瓦茨关于国际法渊源的分类和定义明显是有矛盾和错误的。

詹宁斯、瓦茨把国际法渊源划分为"形式渊源"和"实质渊源"两个种类，并分别作了定义，使国际法渊源具有两个名称和内涵不同的概念，但未给出国际法渊源的定义。显然，这种分类不可能阐明国际法渊源的概念。詹宁斯、瓦茨所指的国际法的"形式渊源"是国际法规则产生其有效性的渊源。

这个"形式渊源"就是条约、习惯和一般法律原则，而条约本身就包括了"双边条约"；也就是说，他们所指的这个"形式渊源"包括了双边条约。可是，詹宁斯、瓦茨又把"双边条约"归入"实质渊源"之中，导致"双边条约"既是"形式渊源"，又是"实质渊源"。如此分类实质上混淆了形式渊源与实质渊源的区别。

2.詹宁斯、瓦茨对国际法渊源的定义及其错误

詹宁斯、瓦茨将国际法的"实质渊源"定义为，表明该国际法规则的实质内容的出处；把"形式渊源"定义为，国际法规则产生其有效性的渊源。比较劳特派特"法律渊源"的概念——行为规则由此发生并取得法律效力的历史事实，可见詹宁斯、瓦茨对国际法渊源的分类及其定义实则是把劳特派特"法律渊源"概念分成了两个部分，并分别定

义为国际法的"实质渊源"和"形式渊源"。

詹宁斯、瓦茨关于国际法的"实质渊源"的定义,列举了"双边条约"或"某个国家的单方声明",并把以上两项内容并列为国际法的实质渊源。根据《规约》第三十八条之规定,"双边条约"作为条约的一种,其本身就是国际法的渊源。但是,"某个国家的单方声明"却不是国际法的渊源,也不是国际法的规范。因此"某个国家的单方声明"不可能成为他们定义的"国际法规则的实质内容的出处",它仅仅是国际法的起因或者是国际法的历史资料。由此可见,詹宁斯、瓦茨所划分的国际法的"实质渊源",实际上混淆了国际法的起因与国际法的渊源之间的关系。

(三)李浩培对国际法渊源的分类和定义

李浩培先生在其著作中设立专章阐述国际法渊源的概念等理论问题,但也未直接给国际法渊源下定义,而是把国际法渊源划分为形式渊源与实质渊源两类。

1.李浩培对国际法渊源定义的合理性及其缺憾

李浩培先生认为,国际法的"形式渊源"是指国际法规则由此产生或出现的一些外部形式,如条约、国际习惯和一般法律原则。他还认为,形式渊源能够辨别一个规则是否属于国际法规则。这个"国际法的形式渊源"定义比较贴近国际法渊源的内涵:其一,国际法渊源是国际法规则的"外部形式",说明了国际法渊源是国际法原则和规则的表现形式,也说明了国际法原则和规则包含在国际法的渊源中;其二,这些"外部形式"就是国际法的渊源,是指条约、国际习惯和一般法律原则。

但是,李浩培先生只以国际法的"形式渊源"的概念替代了"国际法渊源"的定义,认为形式渊源能够辨别一个规则是否属于国际法规则。这个表述实则是国际法渊源的特征之一,遗憾的是,他没有将此项特征包含在其概念之中,使得对国际法(形式)渊源的定义并不完整。

2.李浩培对国际法渊源分类的矛盾

李浩培先生将国际法的"实质渊源"作为国际法渊源的种类之一,并定义为:国际法规则产生过程中,影响这种规则的内容的一些因素,如法律意识、正义观念、连带关系、国际互赖社会舆论、阶级关系等。然而,他又认为,这些影响国际法内容的因素具有共同点,在于其都具有法律以外的性质,它们是一些政治上、经济上、社会学上或者心理学上的事实,所以,国际法实质渊源的研究主要是其他社会科学的任务。

由此可见,李浩培先生所指的"实质渊源"不是国际法,更不是国际法的渊源,甚至都不是国际法的起因,这个"实质渊源"与国际法全然无关。这也说明李浩培先生是否定国际法实质渊源的。他认为,国际法的实质渊源具有法律以外的性质,是其他社会科学的任务。既然实质渊源不是国际法,且与国际法没有关系,那么国际法也就不存在所谓的"实质渊源"。既然如此,"形式渊源"与"实质渊源"的分类也就没有了实际意义。

应当指出,李浩培先生与詹宁斯、瓦茨划分的"实质渊源",以及周鲠生先生划分的"历史渊源",都不是法律渊源,更不是国际法渊源。国际法的渊源是由《规约》确定的条约、国际习惯和一般法律原则,除此之外,不可能还有其他国际法的渊源,更不可能还有其他对国际法渊源的分类。因此,这种对国际法渊源的分类和定义根本无法阐明国际法渊源的定义。

四、国际法渊源的科学定义

承前所述,"国际法渊源"一词在《联合国宪章》和《维也纳条约法公约》中有明文规定,属于法律概念。因此,西方一些国际法学者否定国际法渊源概念的理论观点与现行国际法规定相背离。但是,国际条约并未对"国际法渊源"给出定义。国际法渊源问题不仅是国际法学的基本理论问题,而且还是国际法实践无法回避的现实问题,它要解决的是国际法规范的来源,并用以确认国际法规范的存在及其效力,目的在于准确地运用国际法原则和规则解决国际争端。因此,科学地界定国际法渊源对于国际法理论和实践具有重大的现实意义。笔者认为,国际法渊源指的是确定国际法原则和规则的现实存在及其法律效力的表现形式。这些表现形式是条约、国际习惯和一般法律原则。国际法学界通常把这些国际法渊源的外延以"国际法的渊源"一词予以概括。

以上国际法渊源的定义可揭示出国际法渊源的如下特征。

第一,国际法渊源用以确定和表现国际法原则和规则的现实存在。国际法的原则和规则存在于不同形式的国际法的渊源之中。国际法实践中所适用的国际法规范必须通过国际法的渊源予以确定;没有国际法的渊源予以确认,国际法原则和规则就无法表现出来。例如,条约作为国际法的渊源是书面的协议,条约在实践中对国际法规范的确认是通过条约的名称及其具体条款表现出来的。据此,条约用以确认国际法原则和规则的存在。

第二,国际法渊源用以确认国际法原则和规则的法律效力。从理论上讲,国际法的原则和规则都是具有法律拘束力的规范,但在司法实践中,现实存在的国际法原则和规则在特殊情况下并非都是有效的。实践中适用具体的国际法规范,必须通过国际法的渊源来确认该国际法规范的法律效力。例如,国际习惯作为国际法的渊源,表现为不成文的习惯法规则。国际习惯在确定和表现习惯法规则时,不仅需要确定国家之间"通例"的存在,而且还得确认"通例"的法律效力。实践中,现实存在的"通例"经常因未被国家接受为法律而不具法律效力。

第三,国际法渊源表现为国际法的形式。国际法渊源表现为法律的形式,确切地讲,是表现为国际法的形式,即条约、国际习惯和一般法律原则这三种形式。国际法渊源作为国际法规范的载体,其所承载的不同种类的国际法规范是通过条约、国际习惯和一般法律原则这三种不同形式的国际法的渊源加以确认和表现的。例如,一般法律原则作为国际法的渊源,承载着各国国内法律体系中共有的法律原则。在国际法实践中,将某些国内法的原则和规则作为国际法规范来运用,必须由"一般法律原则"来确定和表现它们的存在以及效力;换言之,这些国内法的原则和规则必须构成作为"一般法律原则"的条件:一是各国的承认,二是共同性。唯其如此,一般法律原则作为国际法规范的表现形式,才能用以确定国际法规范的存在和效力。

综上可见,国际法渊源揭示了国际法的表现形式与国际法规范之间的关系,也就是条约、国际习惯和一般法律原则与国际法规范之间法律形式与法律内容的关系。国际法是由现实存在和确实有效的国际法规范组成的,所有这些国际法的规范都以一定的方式存在,并以一定的法律形式予以确认和表现出来。如有的国际法规范存在于条约中,有的存在于国际习惯中,还有的存在于一般法律原则中,这些承载着国际法原则和规则的条约、国际习惯和一般法律原则也就是国际法的渊源。没有这些国际法的渊源就无法确定和表现国际法规范的存在以及效力。对此,有学者形象地把国际法的渊源称之为国际法原则和规则的"载体"。可见,国际法的渊源对于国际法原则和规则在实践中的正确运用具有决定性的作用。

(一)国际法渊源用以确定国际法规范的存在以及效力

确定和表现国际法原则和规则的现实存在以及效力是国际法渊源的两个基本特征,也是国际法渊源所要解决的基本问题。

首先,国际法渊源为了确定国际法规范的现实存在,必须找到并确认国际法规范得以存在的表现形式,即条约、国际习惯和一般法律原则这些国际法的表现形式。王铁崖先生认为,国际法渊源这个概念指明国际法的"存在",或者作为一些原则、规则和制度成为国际法的"途径"。李浩培先生指出,国际法的形式渊源能够"辨别"一个规则是否属于国际法规则。詹宁斯、瓦茨认为,法律渊源关系到构成该体系的特殊规则,以及这些规则可被"识别"为法律规则的过程。可见,上述学者所指的"存在""途径""辨别"和"识别"都是指确认和表现国际法规范的存在。

其次,为了准确地运用国际法原则和规则,国际法渊源还必须确认国际法规范的法律效力。劳特派特指出,法律渊源是指行为规则"取得法律效力"的历史事实。周鲠生先生认为,国际法渊源是指国际法作为"有效"的法律规范所以形成的方式或程序。王铁崖先生认为,通常所讲的法律渊源主要是指"法律的效力"渊源。布朗利也认为,"渊源"这一术语可以指国际法如此"具有约束力"的根源。可见,现实存在的国际法原则和规则在实践运用中还须确认其法律效力。

应当指出的是,在国际法实践中,不同形式的国际法的渊源确认国际法规范存在和效力的方法亦不同。

1.国际条约用以确定国际法规范的存在和效力

条约是指两个或两个以上国际法主体之间,依据国际法所缔结的用于确定其相互间权利义务关系的书面协议。条约是书面的协议,作为国际法的渊源,其所承载的国际法规范都是明文规定的。我们只要找到与国际法规范相关的国际条约,也就能确定国际法规范的存在。但若要确认国际法规范在条约中的效力,则还需遵循条约法的原则,通过审查缔约国对条约的保留等情形予以确认。应当指出,条约作为国际法的渊源以条约本身合法有效为前提,若条约本身无效,则其所承载的国际法规范也就当然无效。

第一,国际法渊源用以确认和表现国际法规范在条约中的存在。

作为国际法的渊源,条约所承载的国际法规范是由特定名称的条约的条款(规定)表现出来的。我们找到这些特定名称的条约就能确定该条约中的具体条款(规定),也就能确认国际法规范的现实存在。

众所周知,"国家主权原则"是一项国际法原则。1648年的《威斯特伐利亚和约》规定了一些具有主权性质的条款,但尚未形成现代意义上的国家主权原则。1945年《联合国宪章》对国家主权原则进行了编纂,并确认了此原则,即宪章第二条的规定:"各会员国主权平等之原则。"可见,"国家主权原则"是理论表述,根据《联合国宪章》第二条的规定,此项原则的法律表述是"各会员国主权平等之原则",而该原则的国际法的渊源就是《威斯特伐利亚和约》和《联合国宪章》这两个条约。正如法院判决必须载明判决所依据的法律名称及具体条款一样,由于上述条约确认了"各会员国主权平等之原则",所以这两项条约就是这一原则的国际法渊源。

第二,国际法渊源用以确认国际法规范在条约中的法律效力。

在实践中,由于特殊的原因,条约可能对相关国家不具有法律效力。对于存在于条约中的国际法规范而言,还必须确认该项国际法规范的法律效力。

首先,条约对非缔约国没有法律效力的情形。"条约不拘束第三国原则"是一项公认的国际法原则,《维也纳条约法公约》第三十四条规定:"条约非经第三国同意,不得为该国创设权利或义务。"实践中,条约只能适用于缔约国之间,未经第三国同意,条约对该第三国不产生拘束力。1969年国际法院审理的第一个大陆架划界案"北海大陆架案",德国与荷兰、丹麦就相邻的大陆架划界发生纠纷。荷兰和丹麦两国是1958年《大陆架公约》的缔约国,而德国虽签署了公约但尚未批准该公约。据此,国际法院判决,公约第六条规定的"等距离原则"不能适用于德国。可见,由于德国尚未成为该公约的缔约国,因此,该公约规定的"等距离原则"就对德国没有法律效力,但若此项国际法原则已经形成了国际习惯,则它不仅对德国具有法律拘束力,而且对其他各国也具有普遍适用的效力。

其次,条约被缔约国保留的情形。在此情形下,该项被保留的条约规则在保留国与反对国之间不发生法律效力。1951年,国际法院关于灭绝种族罪公约的保留问题发表的咨询意见,后来作为1969年《维也纳条约法公约》第十九条至第二十三条规定的基础和依据。该公约第二十一条规定了条约保留的法律效果。条约在保留国与反对国之间,保留所涉及的规定在保留的范围内不适用于该两国之间。可见,虽然条约规定的规则确实存在,但因被提具保留,其在保留国与反对国之间不具有法律效力。

总之,国际法实践在适用条约的规则时,必须指明该项条约规则据以存在的条约名称及具体条款。若条约不能确认该项国际法规则的存在,就说明该项国际法规则不是条约的规则,或者该项规则虽在条约中存在,但由于以上特殊的原因,它在特定的国家之间没有法律效力。

2.国际习惯用以确定习惯法规则的存在和效力

国际习惯是在国际交往中国家之间"通例"的实践,被各国接受为法律而形成的不成文的国际法的表现形式。国际习惯作为国际法的渊源,它是客观存在的;实践中,它用以确认习惯法规则的存在及效力。但是,国际习惯所承载的习惯法规则是不成文的国际法规范,因此,国际习惯与条约确认国际法规则的方式并不同。《规约》第三十八条第一款第二项规定:"国际习惯,作为通例之证明而经接受为法律者。"可见,国际习惯作为国际法的渊源必须具备两个条件:一是物质要素,是指确认国家之间"通例"的存在;二是心理要素,是指"通例"被各国接受为法律,即"法律确信"。

通例即常例、惯例,是国家之间经常的或惯常的做法和实践。从国家的第一次实践(即通例的出现),到各国前后一致的实践,这是形成国际习惯的物质要素。

根据《规约》第三十八条第一款第二项的规定,国际习惯作为确认习惯法规则存在和效力的一种法律形式,除了具备上述"物质要素"外,还必须符合"心理要素"。所谓心理要素,是指国际习惯被各国接受为法律,理论上称之为"法律确信"。如上所述,国家之间存在"通例"的实践还必须被各国确信为法律。从此意义上讲,国际习惯的构成要件也是确认"通例"法律效力的要件。

国际习惯作为"通例"的证明,就是依照其"法律确信"的心理要素,证明"通例"的法律效力。"通例"一旦获得法律确信,也就形成了习惯国际法规则,从而构成国际习惯法的一部分。詹宁斯、瓦茨认为,《规约》第三十八条中"国际习惯,作为通例之证明而经接受为法律者"

看起来有点奇怪,人们可能认为,不如说是被接受为法律的通例对国际习惯的存在提供证明。有些学者认为,《规约》第三十八条关于国际习惯的表述是把次序颠倒了,国际习惯应该被国家的实践(通例)所证明,而非相反。对此,笔者认为,《规约》第三十八条的这项规定恰好说明了国际习惯是用来确认国家之间"通例"的存在和效力的。

3.一般法律原则用以确定国际法规范的存在和效力

《规约》第三十八条第一款第三项提到了"一般法律原则为文明各国所承认者"。可见,所谓一般法律原则是各国国内法律体系中共有的法律原则。首先,一般法律原则来源于各国的国内法律体系,它是各国的国内法规定,因此体现了"各国"对本国法律体系的"承认"。同时,一般法律原则是各国国内法上"共同"的法律原则和规则,它体现了各国承认的国内法中"共同"的法律原则和规则,它在各国的国内法律体系中具有"一般性"和"普遍性"。因此,它是《规约》规定的国际法的组成部分,也是国际法的渊源。一般法律原则作为国际法的渊源,不仅有《规约》第三十八条作为依据,而且被国际法院的判例所确认。

第一,一般法律原则作为国际法的渊源,用以确定国际法规范的存在,其与条约和国际习惯的确认方式有所不同。一般法律原则所承载的是各国国内法上规定的法律原则,因此,找到这些国内法规定的法律原则,尚不能确定这些特殊的国际法规范的存在,还必须确认这些法律原则的共同性,即它们是各国法律体系中"共同"的原则和规则。只有如此,才能确认这些特殊的原则和规则作为国际法规范的存在。

第二,一般法律原则用以确定国际法规范的法律效力,就是要确认那些各国法律体系中"共同"的法律原则是经"各国承认"的。各国对本国法律体系中规定的法律原则的"承认"已经由各国自己颁行的法律所证明,无须各国另行做出承认的表示。因此,只要确认了各国的法律体系及其法律原则有效,也就确认了一般法律原则所包含的各国共同的法律原则的法律效力。

第三，一般法律原则作为国际法的渊源是客观存在的。实践中，若要将国内法的原则和规则作为国际法规范来运用，必须由"一般法律原则"来确定和表现它们的存在及其效力。在各国的法律体系中，确实存在着一些共同的法律原则，如时效善意、定案、禁止翻供等原则，在各国法律体系中都有明文规定，只不过是具体条文和解释有所不同。

第四，根据《规约》第三十八条第三项的规定，一般法律原则是国际法的第三个渊源，它虽是条约和国际习惯之外的补充渊源，但又是独立于条约和国际习惯的。在国际法实践中，一般法律原则是独立于条约和国际习惯的国际法的渊源。但是，一般法律原则与条约、国际习惯相比，在国际法院及其前任者常设国际法院一直很少使用。事实上，国际司法机构裁决案件一般是在条约和国际习惯缺位时才适用一般法律原则，是故，它又是补充性的国际法的渊源。

(二)国际法渊源是国际法规范的表现形式

作为国际法规范的表现形式，国际法渊源用以确定国际法原则和规则的存在和效力，并以法律的形式予以表现，确切地讲，是以国际法的形式表现出来的。这些国际法的形式就是条约、国际习惯和一般法律原则。这些国际法的表现形式本身就是国际法。对此，李浩培先生认为，国际法的形式渊源是指国际法规则由此产生或出现的一些外部形式，如条约、国际习惯、一般法律原则。可见，李浩培所称的这些"外部形式"就是国际法的表现形式。

《国际法院规约》第三十八条第一款第四项规定："司法判例及各国权威最高之公法学家学说，作为确定法律原则之资料者。"可见，"司法判例"及"各国权威最高之公法学家学说"（以下简称"权威公法学家学说"）是用以确定国际法原则的"辅助资料"。"辅助资料"是《规约》对"司法判例"及"权威公法学说"的定性，其本身不具有国际法的形式，也无法用来确认或辨别国际法规范的存在和效力，故而不是国际法的渊源。

应当指出的是,国际法渊源作为国际法规范的表现形式,其与确定国际法原则的"辅助资料"具有本质的区别。

第一,国际法渊源是国际法规范的表现形式,其本身就是国际法;而"辅助资料"不是国际法,只是确定国际法原则的辅助性资料,对确定国际法规范的存在和效力仅起到一定的"辅助"作用。有学者认为,它们是"确定法律规则存在或形成的补充手段,这种补充手段类似于国际法的证据"。周鲠生先生认为,国际法的渊源是习惯和条约。除此之外,国际法学家通常还列举"其他国际法渊源",如各国政府关于国际事务的文件、国际仲裁法庭和国际法院的判决、国内立法、国内法院的判决、国际组织的决议(主要是联合国大会的决议)、权威公法学家的学说等。应当指出,周鲠生先生所列举的所谓"其他国际法渊源"都不是国际法的渊源,也不是国际法。其中,国际法院的判决和权威公法学家的学说则是确定国际法原则的"辅助资料"。其他所列举的,甚至都不是确定国际法原则的"辅助资料"。劳特派特和詹宁斯、瓦茨认为,法院和法庭判决是国际法的辅助和"间接的渊源"。各国权威公法学家的学说是国际法的一个"辅助渊源",国际法院至今还没有适用这种"特殊渊源"的机会。王铁崖先生认为,国际司法判例是"确定法律原则之补助资料",也可以说是国际法的"辅助渊源"。

以上国际法学家所称的"其他国际法渊源""间接的渊源""辅助渊源"以及"特殊渊源"等,虽然使用了"渊源"和"其他国际法渊源"等词语,这也是为了区分国际法渊源与"辅助资料"的不同,它们实质上与国际法渊源并无关系。但以上这些"渊源"的用词,容易使人误解为国际法存在另一类渊源。

第二,国际法渊源,只有条约、国际习惯和一般法律原则这三种表现形式,而确定法律原则的"辅助资料",从《规约》的规定来看,其只有司法判例和"权威公法学说"两种。那么,《规约》明文规定的"司法判例"和"权威公法学说"之外,是否还存在其他的"辅助资料"? 答案是肯定的。但是,这类存在于《规约》规定之外的"辅助资料"应当由习惯国际法予以确定。例如,联合国大会的"宣言"和"决议"作为确定国际法原则的"辅助资料",并不是条约(《规约》)规定的,而是由国际习惯所确定的。1986年,国际法院受理的尼加拉瓜诉美国"对尼加拉瓜进行军事和准军事行动案",国际法院依据《联合国宪章》联合国大会通过的"宣言"以及"决议"等,确认了国际习惯法规则的存在及其效力,并作为依此判决的依据。

需强调的是,确定法律原则的"辅助资料"本身不是国际法,所以它们也不可能成为国际法的渊源。把国际法渊源扩大到"辅助资料",不仅在理论上是错误的,而且亦不符合《规约》第三十八条第一款第四项之规定。在国际法实践中,也从未有依据"辅助资料"来裁判案件的先例。总之,国际法渊源作为确认国际法规范的表现形式,其表现为国际法的形式,而确定法律原则的"辅助资料"不是国际法,只是国际法的起因,或者是国际法的历史资料。

第二节　国家法治与国际法治

一、国际法律文件中的"法治"溯源

当代国际社会法治之滥觞无疑可溯至《联合国宪章》,宪章的核心思想包括国际层面的法治理念,但宪章中并没有任何"法治"之类的用语。

在国际法律文件中,法治(国际法治)第一次呈现在世人面前是在1948年联合国大会通过的《世界人权宣言》序言中。在另一个重要的国际法律文件1970年《关于各国依联合国宪章建立友好关系及合作之国际法原则之宣言(以下简称《1970年国际法原则之宣言》)》的序言中,也提到了"法治"一词。关于国际层面的法治,在很多方面,《1970年国际法原则之宣言》是"一项创举"。首先,它第一次明确提到了"国家之间的法治";其次,它确认了联合国和国际法治之间的内在关联;最后,《1970年国际法原则之宣言》没有局限于宣布法治这一概念,而是通过确立七项国际法原则致力于建立一个法治框架。此后,法治的表述在联合国的重要法律文件中屡见不鲜。[①]

法治意味着一个治理原则,在这个原则中,所有个人、机构和实体(无论公私),包括国家本身,都应对法律负责;这些法律是公开发布的,可平等适用和独立裁判,并与国际人权规范和标准相一致。法治要求坚持法律至上原则、法律面前人人平等、法律责任原则、法律的公正适用原则、分权原则、决策参与原则、法律明确原则、非武断原则和透明度原则。联合国的法治概念体现了国际法律秩序最经典和最基本的原则,运用这些原则可以应对国际共同体当代最紧迫的关切。

联合国成立60周年之际,世界各国与政府首脑共聚一堂,通过了《2005年世界首脑会议成果》。《2005年世界首脑会议成果》第一部分"价值与原则"强调"国家和国际的良治和法治,对持续经济增长、可持续发展以及消除贫困与饥饿极为重要";在第四部分"人权与法治"中表达了"在国家和国际两级全面遵守和实行法治"的全球共识,将法治和国际法界定为国际秩序的两大基础,重申决意维护《联合国宪章》的宗旨和原则以及国际法的重要性,认为这是国家间和平共处及合作所不可或缺的;认识到国际法院作为联合国主要司法机关,在裁决国家间争端方面的重要作用,以及其工作的重大意义,吁请尚未接受法院管辖权的国家考虑根据《法院规约》接受法院管辖权,并审议如何加强法院工作。

二、联合国的两级法治实践——国家法治与国际法治

根据《2005年世界首脑会议成果》精神,联合国大会2006年首次将法治事项列入议程,并通过了题为"国内和国际的法治"决议。此后每年,联合国大会都会通过相关决议,并对"促进国际法治""会员国实施

---

① 刘东方. 全球经济治理制度性权力国际法视角分析[D]. 上海:华东政法大学,2017:19.

和解释国际法的法律和实践"以及"冲突和冲突后情形下的法治和过渡司法"进行专题辩论,同时展开了一系列的相关工作。毫无疑问,联合国大会此前也一直关注法治,特别是根据宪章授权积极推动国际法发展与编纂工作,且卓有成效,而新的法治议程为联合国大会以更全面的方式更广泛讨论并进一步加强联合国法治行动的协调和一致性提供了良机。

从2008年起,联合国秘书长每年向联大提交一份题为"加强和协调联合国法治活动"的年度报告,汇报联合国在国家和国际两级推动法治,并加强其专门知识和能力这一工作规划的进展情况,讨论存在的挑战以及如何应对。联合国安全理事会于2010年6月专门举行了一次关于维持国际和平与安全过程中促进和加强法治的公开辩论。34个国家和欧洲联盟作了发言,强调安理会在进一步将法治纳入其日常工作并加强其本身遵守法治方面的特别作用和责任。

2020年9月,习近平总书记在联合国成立75周年纪念峰会上发表重要讲话,强调后疫情时代联合国应主持公道、厉行法治、促进合作、聚焦行动。

联合国大会的决议和各项相关文件代表了国际社会的广泛共识。在这些决议和文件中,联合国将法治区分为两种形式:国家法治和国际法治。

国家法治包括国际法在国家层面的遵守和实施,如国内相应法治框架的建立和法律制度的制定,重在国际义务在国内的履行与落实。

国际法治包括国际法的逐渐发展与编纂、国际法在国际层面的遵守和实施,以及预防冲突、维持和平与各种国际争端的解决等,并包括联合国本身与其他国际组织内部的法治。

如前所述,国家法治和国际法治统称为"国际法之治",联合国的两级法治体现了"国际法之治"概念的三个核心要素。现阶段,两级法治的主要工作包括保护人权、促进发展和维持和平三个方面,目的是建立一个公正、安全、和平的法治的世界,维护以法治和国际法为基础的国际秩序。

联合国目前从事的国际法之治工作及其进展主要包括以下几个方面。

第一,国家法治方面。

首先,加强法治框架。主要包括:制宪,国家法律框架,司法机构、治理、安全和人权,过渡时期司法,个人和民间社会赋权等。其次,面临的严峻挑战包括:何时及如何介入冲突和冲突后社会;女性囚犯和儿童的拘留和惩戒;解决性暴力和基于性别的暴力行为;住房权利、财产和土地治理;以及非正式司法系统的地位与作用等。

第二,国际法治方面。

首先,为加强法治而编撰、发展、宣传和实施国际规范和标准框架。

其次,国际法院和混合法院以及法庭和非司法解决争端机制。所有人和实体(包括国家)都对法律负责的原则是法治的核心。因此,国际法的所有主体履行其义务是一切国际法治概念的根本。国际司法是对国内司法的补充,国际社会必须做出更多贡献,促进这种积极的相互补充,并弥补有罪不罚的漏洞。再次,非司法问责机制。建立了许多非司法机制和手段,监督国际规范和标准的遵守情况,并帮助解决争端。最后,联合国内部法治。联合国新的内部司法系统已于2009年正式运作,这是联合国致力于在组织内建立法治的一个里程碑。

总之,在国家和国际两级加强法治工作的协调和提高质量是一项长期的艰巨努力,联合国支持会员国及其公民在国内落实国际规范和标准,致力于遵守国际义务,强调国际和国内法治之间的衔接,并且最重要的是,加强确保有效实行和享有公正的国内和国际秩序的机构、政策、进程和条件。最终摆在会员国、联合国和其他合作伙伴面前的任务是建立一种制度,并对此作出承诺。在这种制度中,多边和双边捐助方与伙伴国家和执业人员以协调和协作的方式努力实现"法治天下"。

第三节 全球治理与国际法之治

一、全球治理

所谓全球治理,简单而言,就是治理全球化。其出发点是要通过一种全新的治理理念和治理模式,以解决全球性问题,让全球化这一不可避免且不可逆转的客观进程在人类的掌控中前进。它是历史上最为久远的挑战之一。

自从斯多葛学派设想出一个由一套共同原则支配的统一世界以来,思想家和实践者们已经构思并把机制引入现实来协调、负责多样世界中的不同活动。在格劳秀斯和康德的思想中,可以发现这些理论的萌芽。20世纪20年代国际联盟诞生的时候,相关的讨论也不少。随着全球化的不断发展,全球治理理论于20世纪90年代从国际关系领域,由欧洲大陆的实务人士和美国的学者分别提出后,迅速在全球展开。[①]

全球治理涉及自古以来被人们广泛讨论的社会体系中的秩序该如何达成的问题。一般认为,人类社会秩序分为三类:一类是哈耶克所说的"自然发生的秩序",另一类是"依靠强制力的秩序",在这两类秩序中间的一类是"通过交涉而形成的秩序"。第一类秩序关注的是各行为体之间利害关系的自然协调;第二类秩序关注的是行为体之间的相互对立,因而需要依靠强制力来解决纷争;第三类秩序考虑的是以规范和规则为基础的秩序,虽然各行为体所追求的目标是自身利益和权力的最大化,但也重视通过交涉可以达成的协议,以及在此基础上对问题的和平解决。因为不存在一个类似于国内政府的中央权威,国际关系大多数时候处于一种被霍布斯称之为的"无政府状态",或者是一种被布尔称为"无政府社会"的状态。关于全球治理的讨论,正是

---

①柳华文.论进一步加强国际法研究和运用[J].国际法研究,2020(01):3-15.

以今日之实践中所遇到的新问题为背景,对这个古老问题的重新探讨。

所谓实践中之新问题,首先是伴随全球化进程的加速而出现的一系列全球性问题。这些问题的共同特征是跨国性和"非领土性",对它们进行有效控制并予以解决超出了单个国家的能力。面对这些各个领域内的人类"共同事务",迫切需要国家、政府间国际组织、非政府组织、跨国公司等各种国际行为体以及各国人民一道共同努力,超越自身利益的狭隘性,为人类共同利益而展开各种各样的合作。全球治理的目标便是在全球化进程加速的背景下,对人类所面临的各种共同的问题加以治理,维持人类社会的正常秩序。简言之,全球治理在20世纪90年代的勃兴,是全球化进程的逻辑结果,是国际政治经济秩序的新的发展形态,是国际规制有效性的现实要求,是全球公民社会和世界民主潮流的产物。

从实践角度,全球治理具有两个维度。

首先,它是一种不断演进的动态过程,它不断发展变化,有自己的动力学;这个过程不是在全球治理理论提出的时候或以后出现的,而是在国际体系和国际法秩序诞生之初就开始了。在此意义上,所有古典范式框架内的东西都属于治理理论。例如,卡尔·霍尔斯蒂将19世纪的"欧洲协调"称为治理的一个具体历史事例。

其次,全球治理也是对这一不断演进的动态过程的状态描述,一定阶段内的连续过程具有相同或类似的特征,可以界定为同一状态。基于此种理解,可将全球治理的发展历程区分为国家治理、国际治理和目前的全球治理阶段。

二、国际法之治

(一)国际法之治——全球治理新模式

自古以来,国际社会一直是一个无政府社会,但是并非是一个无秩序的社会——因为存在着不同程度的治理,当然也存在着程度不同的治理规范。国内社会通过政治、经济、行政、宗教、道德和法律等来维持社会秩序,并逐渐发展到以法律为主实现国内治理的基本模式,谓之"法治"。国际社会秩序的维持手段有强权、军事、外交,也有法律。在国际关系中,"文明的进展可以认为是从武力到外交,从外交到法律的运动"。这种法律不是各国或者大国强国的国内法,不是理论上的所谓的"跨国法"或者"全球法"或者"世界法",而是活生生的"国际法"。全球治理时代,国际社会已经出现一个以国际法为主实现法治的基本模式,这就是"国际法之治"。康德所谓"永久和平"之"全球大治"的状态,即在国内则实行共和制,国家在对外行为中自觉、理性地遵循国际法这种情形。

(二)国际法之治的要素与原则

如科斯肯涅米所言,全球治理是国际法管理全球公共事务的一种方式,或者说全球治理是依据国际法管理全球公共事务的方式。国际法不仅是全球治理的产物,也是全球治理的载体;反过来也可以说,全球治理不仅是国际法的产物,也是国际法的载体。这正是"国际法之治"得以形成的客观条件。

"国际法之治"模式在全球治理时代的展开包含如下要素:一个基本前提、一个基本事实和三个基本假设。

一个基本前提——无论国际格局如何风云变幻,以主权国家为基本架构的威斯特伐利亚体系在可预测的时间段内不会发生根本变动。在笔者看来,正如前面曾经强调的,主权国家过去是、现在是而且至少可以预测的将来仍然是全球治理的基本主体,这不是一个因为理论有争论就可以改变的事实。

一个基本事实——全球治理的实践始于威斯特伐利亚体系得以产生的威斯特伐利亚和会,这也是现代国际法的肇端。

三个基本假设——第一,没有一套能够为全人类共同遵守、确实对全球公民都具有约束力的普遍规范,全球治理便无从谈起。因此,国际法对全球治理至关重要。全球治理的成功未必完全归功于国际法,但成功的全球治理以国际法为基本治理依据。假如我们要拯救环境,保护世界上迁徙的鱼类和鸟类,制定开放的贸易规则,提供更有效的政治和经济安全,国家的、全球的、区域性的法律、规则、标准和准则就必不可少。第二,主要行为体对国际法的遵守与维护是提高治理有效性与合法性的重要途径,也有助于提高国际法自身的正当性与有效性;主要行为体之间的合作是全球治理成功的保证。第三,这种合作的开展应依据国际法规范并尽可能在国际法的框架内进行。联合国目前进行的两级法治生动体现了上述基本要素。

具体来说,在"国际法之治"模式中有下面两个方面需要注意。

第一,国际法是一种体系,一种由原则、规则、规范和制度组成的调整国际关系和规范国际秩序的体系;它也是一种框架,一种不仅为跨越国界的交往提供互动联系的框架,而且是塑造这种互动联系所追求的价值和目标的框架;它还是一种理念,一种可以依靠这种体系或者框架或者沿此思路可以妥善调整利益、解决问题的确信。

国际法包括现实已达成的各种原则、规则和制度,也包括形成这些原则、规则和制度的生成机制或框架,如各种国际公约的谈判与缔结平台,以及为修改、完善和发展这些原则、规则和制度的导向机制或框架。在国际体系中,国际法不仅确认并保护现状,而且建立并维持秩序、树立预期并导向该预期。笔者将国际法上述三个层面分别称之为国际法的"规范系统"、国际法的"操作系统"和国际法的"价值系统"。国际法是三者的有机统一体。一个发达的"规范系统",将是由确认规则、改变规则和救济规则组成的集合体。

第二,首先,我们当然不会漠视很多国际关系人士念念不忘的一个事实。在国家层次上,法律是等级制的。如果法律遭到侵犯,那么国家权威将强迫侵犯者受到审判,并使用国家权威的各种手段惩罚罪犯。在国际层次上,尽管法律的观念和职能与国家层次上的具有一定的可比性,但是体系的特性不同。在国际体系中,类似于国家的权威结构是不存在的,没有国际立法机关,没有国际行政机关,也没有拥有强制管辖权的普遍性国际司法机关。但是,另一个更大的事实是,国际法不仅存在,在日常生活(全球治理)中发挥着作用,而且是有效的。

国际法为解决争端和保护国家之间彼此安全提供了一种机制;它还发挥伦理和道义功能,在大多数情况下以公平和公正为目标,并向人们展示哪些是社会或文化上受欢迎的事情;这些规范约束行为并需要遵从。国际法的确为国家本身从事集体行为,为个人联合志同道合者追求共同目标,提供了替代性舞台,不论这个舞台是政府间性质的还是民间性质的。它们使我们用新方法看待老问题成为可能,而且它们提供了一个新的讨论全球性问题的论坛,以及采取行动的平台。国际法本身就是一种权威结构。

其次,如果因此沾沾自喜而忘却国际法的政治背景也可能会犯下不可饶恕的错误。爱德华·卡尔认为,无论造法(make law)还是非造法(unmake law),任何法律体系都明示或者默示地预设一个(通过投票、交易或者强制的)初始政治决定。在所有的法律后面,这种政治背景是必要的。法律不是一种技术,不是一套抽象的可以主观遵守或解释的字面上的规范,它也不仅是一种社会动力系统。法律与它所调整的社会、文化和政治经济体系(通过它们,法律自身也不断进行调整)之间存在着密不可分的紧密联系。为发挥塑造社会和实现集体意愿的功能,法律必须得到权力的帮助。至少迄今为止,现实中法律最终的权威源于政治。因此,法律的有效运行,无论是国际法还是其他法律部门,要求如下三种要素保持协调:①一套完整的可以进行准确沟通的法律概念;②一个支持法律运行的结构或者框架;③体系成员运用法律的政治意愿和共识。如果法律失败了,这种失败可以归咎于上述任何一种要素或其组合的缺位。国际法功能发挥的条件既是一种现有的政治背景,也是在现有政治背景的基础上通过国际法自身功能的发挥而不断构建的动态演进的政治背景。"国际法之治"不会忽视这一点。

第二章 背景与挑战
——全球治理中的国际法

第一节 现代国际体系的转型与发展

国际社会的累积发展使国际体系处于不断演进之中。基辛格（Henry Alfred Kissinger）敏锐地指出，当前国际体系正经历400年未有之大变局。保罗·肯尼迪也认为，我们正处于巨变而不自知的"分水岭时代"。1991年以后，全球化的趋势加快，经济、科技的突破发展以及由此带来的发展中大国的群体崛起，使国际体系转型面临新的重大变化：一方面，基于主要国家之间力量对比的国际格局由两极对峙发展到单极多元再向多极渐趋均衡的大国竞争共治方向发展；另一方面，全球化、网络化、人本化与跨国运动的发展，全球相互依存的提高，使国际公民社会、非政府组织以前所未有的态势加快形成，并对国家间体系产生越来越重大的制约。

国际体系的这种转型使主要基于国家之间和平与安全的传统国际法面临深刻困境和现实挑战。在全球共治理念下，如何在国际法自治、统一的"形式正义"之外进一步发展经济、人权的"实质正义"，如何既维护国家间安全又保证人类安全，如何在平衡国际关系的同时，统筹兼顾经济、社会、文化及人类福利等事务的协调推进，成为全球化时代下国际法发展面临考验并要求有所回应的重要问题。[①]

---

① 马忠法，赵建福. 全球治理语境下的商业组织与国际法[J]. 学海，2020（01）：166-176.

一、1991年后国际体系出现转型

1991年以后,全球化进一步扩大,世界体系进入一个很难以传统力量配置标准进行划分的阶段。中国学者倾向于认为当前的国际体系既不是单极,也不是多极。与单极有点相似,但又不全是"一超多强"的体系。一些西方学者认为,现在还是一个单极世界,因为美国的国际影响力十分巨大。美国学者亨廷顿则认为,美国是超级大国并不表明当前的国际格局就是单极体系。

一个单极的世界就是帝国,它表明不存在其他重要的大国,超级大国可以有效地解决重要的国际问题。但目前的阶段既不是单极,也不是两极和多极,而是单极多元体系。近年来随着国际金融危机的影响,有学者认为当前的格局虽然总体上继续保持所谓"一超多强",但"一超走弱,多强易位",国际体系出现了"新一超多强",或某种单极影响下的多极发展趋势,或G2竞争共治走向。学者们的界说从不同角度出发,所得出的结论因时而异,虽不无启发性,但无一不是从体系内主要大国的力量对比来立论。我们认为,当今国际体系的演变不同于以往历次体系变迁的最大特点,不单是大国力量的组合不同,即国际体系内部出现的国与国之间实力的变化,更是在全球化推动下,国际社会内部联系与互动的加强,即当前的国际体系转型,既有主要国家硬实力对比变化的背景,更有整个国际经济、科技"连带性"加强,国际社会全球化、组织化、网络化发展与体系价值趋同等多方面促进的全球公民社会的形成。总之,国际体系正超越威斯特伐利亚的单一国家间体系而向后威斯特伐利亚体系转变,世界已经开始从基于实力和单边行动的国际无政府状态,转向通过国际机制多边合作共治和各种因素共同参与解决问题相结合的全球社会的状态。

这种全球社会的转型有以下几个方面的特点。

首先,与历史上的体系变迁不同,1991年后的国际体系转型是以非战争的方式进行的。其次,以"金砖国家"为代表的发展中大国的群体崛起改写了世界经济、政治结构。再次,大国关系引入了新的内涵。

1991年后,大国相互关系总的特征是既合作又竞争,既依存又斗争,斗而不破,合而不从,共同利益增多,零和博弈减少。最后,即最重要的是,与大国关系的总体缓和与良性互动相适应,国际社会而非仅仅国家间体系的联系发展到了一个前所未有的新阶段。

总而言之,1991年后,国际体系包括国际社会的发展出现了深刻变革,全球化成为当今时代的主要特征,世界由此进入一个新的"全球化时代"。这种全球化时代在经济上的主要成就是,以金砖国家为代表的非西方经济体,不但日益跻身于国际经济关系中举足轻重的角色行列,成为全球经济治理不可或缺的参与者,而且一跃成为近年来带动世界经济增长的主要贡献者,经济一体化的范围因而从实质上涵盖了南北主要地区和国家。据国际货币基金组织(IMF)统计,按购买力平价(PPP)计算,早在2010年"金砖国家"对世界经济增长的贡献率就上升到60%,其中中国一个国家对世界经济增长的贡献率就超过30%,居世界第一。世界经济增长呈现出由"金砖国家"与美国、日本等发达国家共同牵引的均衡发展态势。后金融危机时代,新兴经济体经济增长仍然快于发达国家,发展中大国与发达国家的差距进一步缩小。"金砖国家"以及其后的所谓"新钻11国"作为发展中国家的新兴群体,从世界地理的意义上突破了传统西方发达国家经济发展的局限,在巨大规模上引导全球化向更深层次发展,所谓相互依赖的国际经济关系由此超越了西方国家的范畴而真正具有全球性的实质,"全球化"由此成为当今世界经济发展的时代性标志。

特别重要的是,以主要新兴经济体为代表的非西方经济与传统的西方经济的融合已经发展到了难以割断的程度。从原料资源供应到技术开发,从资本输入到资本输出,从制造业到服务业,从劳动力市场到金融市场,从低端产品到高端产品,形成了越来越多领域的深度相互依赖关系。你中有我、我中有你的经济关系,实际上促成不同国家之间形成各种利益共同体,竞争与合作的分野日益模糊,竞争对手往往也是合作伙伴,经济关系中西方与非西方的界限正在消失。主导世界经济发展的大国俱乐部,从西方大国组成的7国集团发展到包括俄罗斯在内的8国,再到"G8+5""G20"等全球共治机制("G20"成为当前发展中大国与发达国家全球经济共同治理的主要平台),无疑是上述变化发展最有力的证明。传统意义上的单极—多极时代,由此进入所谓全球性的大国协调共治时代。

二、国际体系转型的结构与基础

20世纪末期雅尔塔体制的突然崩塌形成了新的国际局面,美国成为当时唯一的超级大国。然而,正如国外学者所言,这仅仅是一个"单极时刻"。在全球化的强劲推动下,20世纪70年代尼克松所谓的"五大力量中心"有消有长,中国、印度等发展中大国迅速迎头赶上,中国经济一跃排名世界第二,世界多极化表现出加速的势头。与此同时,国际体系的社会基础发生重大演变,传统的以军事为中心的国家竞争逐步让位于经济科技与文化交流,各国共同利益增多,相互依存度提高;国际组织大量增加,非政府组织对以主权国家为中心的权力现状施以强大影响;民主、和平、人权等时代潮流深入发展,个人的国际法主体地位在诸多领域得以不断突破;发展的号角吹遍全球,商品、人员、资金、技术在世界各地交叉涌动;"天涯若比邻",国际道德、正义舆论借助互联网络形成强大的道义浪潮,所有这一切为国际体系的深入变革奠定了日渐广泛的社会基础。

(一)国际体系的结构发生变换

当前国际体系的显著变动是,在所谓"一超多强"的力量结构中,"一超走弱、多强易位",力量对比发生了明显不利于"一超"而有利于"多强"的变化,形成所谓"多强一超":国际基本格局虽未发生根本性改变,美国仍是一超,多强还是多强,但影响的力道发生了变化,以往是美国一超主导世界,各国争相与美交好,现在是发展中大国与西方国家联合主导世界,美国做事必须顾及多强的反应,不能一意孤行。特别是在金融危机后,中国的实力与影响显著上升,成为多强中最为突出的一个,美国为此提出所谓的"重返亚太""亚太再平衡",中美新型大国关系如何构建因而成为影响体系转型走向的重大问题。

因此,中美关系如何走出历史轮回,加强沟通,增信释疑,真正构建"相互尊重、互利共赢"的新型大国关系成为新时期影响体系走向的必须直面解决的重大现实问题。

(二)国际体系的基础出现演变

经济社会的不断发展改变了整个世界的面貌。二战后半个多世纪的历程,使国际社会面临的形势与战后初期相比大不一样。原殖民地国家纷纷走上了独立的道路,联合国会员国由创立初期的51个发展到现今超过190个。国家主权观念由20世纪四五十年代的政治独立,发展到20世纪六七十年代的以经济主权巩固政治主权,再到20世纪90年代对文化主权、环境主权的扩展。同样,人权的发展历经了由公民权利、政治权利到经济、社会、文化权利再到环境、和平权利等三代人权的递增。相应地,原殖民地国家经历了新独立国家、第三世界国家和发展中国家的角色转换,并出现结构分化。发达国家出现"苦乐不均"的情况。同时,国际社会全球化、组织化、信息化发展与国际公民社会的形成,特别是全球气候变化、网络安全等非传统安全威胁的扩增,加剧了国际社会发展基础的演变。以上种种矛盾交错杂陈,交相作用,使得国际局势热点不断,各种力量面临进一步分化组合,国际社会隐约出现新的局面。

(三)国际治理机构发生变革

显然,国际社会基础的改变以及主要力量中心实力对比的变化对国际政治、经济秩序已产生明显影响。事实上,国际格局是指国际主要力量中心的实力对比状态,而秩序则是格局的系统化、机制化,因而国际格局的对比改变必然影响国际秩序的外在表现。发展中大国的崛起、全球化联系的发展、各国共同利益的增加,使国际秩序面临新的扩容、变革。

可以肯定,体系内不同秩序的主张必然受到相互间力量对比及其社会基础变革的深刻制约,并最终影响到作为客观秩序的国际格局的走向与作为主观秩序的国际法规则的效力。

与国际政治机构改革的拖延未决不同,金融危机的推动使全球经济治理方式不断取得突破。例如,国际经济组织吸收发展中国家的人员担任要职,反映了国际经济治理机构改革不断取得新进展。

三、当前国际体系的总体特征

(一)美国优势继续保持,但实力与影响明显削弱

总体来看,当今欧盟等政治实体尚未复兴,因而还没有实力主导国际发展,这几支重要的政治力量,都因人口老龄化程度加重、经济增长放缓、国家负担过重而出现发展不力的内向保守倾向。而发展全球性新秩序,所需要的是国家的实力和志向。在可预见的未来,美国因其相对合理的人口结构、世界第一的经济规模、最为强大的科技实力、遍布全球的军事安排以及不可低估的自我恢复能力,仍可能继续保持其相对优势。美国的全球的影响力在短时期内仍难以取代,但实力与影响明显削弱。

(二)西方大国渐进复苏,新兴大国群体崛起,两大集群竞合博弈

在金融危机的影响下,西方发达大国集群和新兴发展中大国集群的实力差距进一步缩小:一方面,西方发达国家面临的困难与问题增多,软硬实力相对下降;另一方面,一批新兴经济体加速崛起,形成梯次跟进和群体崛起的强劲势头。新兴大国以更加平等的身份参与到二十国集团等全球经济治理机制,代表性和话语权较之前明显增强。国际格局的调整向纵深发展,多极化和全球化加速发展,国际力量均衡化、国际关系民主化、国际秩序合理化取得积极进展。

当前,新兴大国与西方大国两大"集群"的"竞合博弈"成为国际关系的"主要矛盾"或"主线"。西方发达国家集群开始摆脱危机,出现"止跌反弹",同时开展新的大联合,如"跨大西洋贸易与投资伙伴关系协定",美欧企图联手重振往昔雄风,继续把持国际体系的主导权;非西方新兴大国集群也在开展彼此间的大合作,如金砖国家峰会。两大集群在全球多个领域展开全方位的博弈:在经济、金融、能源、气候变

化与科技领域,竞争新工业革命与新能源革命制高点;在"全球四大公地"领域,博弈网络、海洋、太空与南北两极的话语权与权益;在发展模式、价值观与意识形态领域,竞争软实力与话语权等。

(三)全球治理影响加深,非国家行为体作用增强

当今时代,美国等西方大国掌控全球局势的能力下降,其原因不只在于美国等力量相对不足,更主要在于全球化社会的日益复杂化。在全球化与网络化时代,权力正从政府向公众流失,各国国内社会与跨国社会的影响上升,包括国际非政府组织乃至特定个人在内的各类非国家行为体作用增强,成为制约国家间关系的重要社会力量。与此同时,非传统安全问题突出,国家间面临的威胁来源多样化,国际体系出现重大转型,全球复合相互依赖、全球治理、全人类共同利益成为国际社会新的发展趋势与内在追求。尽管传统政治、军事问题仍不断突出,但后威斯特伐利亚体系,应该是全球共治体系。体系互动过程将从军事—政治过程向经济—社会过程转化。

第二节 体系转型时期国际法发展面临的挑战

1991年以后,一方面,国际力量结构处于失衡状态,单极与多极竞相争夺;另一方面,经济全球化、网络化、均衡化的发展,使世界相互依存增强,非政府组织增多,国际公民社会成形。与此同时,被冷战对峙所掩盖的许多全球性问题逐渐显露,世界面临的共同挑战增多,全球治理日趋迫切。

一、国际社会转型对国际法发展的影响

国际社会除传统安全问题外,非传统安全问题突出。国际法面临全球化时代的深刻挑战,而欠缺相应的治理手段。[①]

---

①马忠法. 论构建人类命运共同体的国际法治创新[J]. 厦门大学学报(哲学社会科学版),2019(06):21-31.

冷战后的国际困境,除了国际力量结构失衡、美国的单边主义战略外,全球化时代的各种非传统安全问题也日益严重地冲击着国际社会的秩序基础。与防范国家之间发生战争的传统安全不同,非传统安全主要是以非国家的形式表现出来的,这使得国际安全面临的威胁更加多样化和复杂化。我们今天面临的最大安全威胁,已经不仅仅是国家发动的侵略战争了。除了威胁国家安全外,集中表现为对人类安全的威胁,例如全球气候问题等。

可见,1991年后,以"人的安全"为中心的非传统安全问题日益凸显,而非传统安全问题基本上还处于当今国际法治理的有待完善的地带,从而在广阔的社会层面上一定程度地导致了国际法的困境。

二、国际主导价值分离对国际法发展的制约

国际价值追求方面,安全与发展相互依赖,但现行国际体制所表现出来的"重安全、轻发展"的价值追求既制约了国际法的功能,也引起了人们的普遍质疑。

国际发展滞后于国际和平的维护仍然是当今国际社会显而易见的事实。归纳分析起来,此种情况的出现与国际社会价值追求目标的运用不无关系。

第一,国家主权是国际社会的根本原则,维护国家主权安全是国际社会的基本出发点,两次世界大战的惨烈以及破坏力的巨大,使国际社会很容易达成维持国际和平与安全的协调机制,这就可能使得主导大国因此拥有更多体制上的强权。

第二,战争破坏力惨重,防范与制止战争需要国际法严密设计与国际社会全力应对,而发展问题与历史、地理、资源甚至国家体制关系密切,很难一蹴而就地设置一个具体的标准进行评判,很容易导致力量与对策分化,并且发展是相对的,即使最不发达国家与地区,也有相对富裕的社会阶层。因此,发展问题的矛盾首先表现为国内社会的矛盾,发展问题也因而主要成为一国的国内问题,与维持国际和平与安全的国际法制似乎有所偏离。

因此，国际社会虽然具有各种发展框架与形式上的管治机构，但由于欠缺可行的价值目标和具体的治理机制、体制，特别是国家间的利益争夺、贫富悬殊，使国际发展问题很难提高到各国协力治理以真正消除发展障碍的水平，从而造成"重安全、轻发展"的体制困境。然而，没有发展，我们就无法享有安全；没有安全，我们就无法享有发展。发展、安全和人权紧密关联，并互为推动。因而，在全球化时代，如何统筹发展、安全乃至人权的问题成为当今国际社会必须面对的新挑战与新任务。

第三节 全球治理下国际法面临的挑战

全球治理即规则治理，当然全球治理的规则是指所有能作治理之用的规则，因此其并不局限于国际法规则。但是，国际法作为跨国空间中唯一具有法律约束力的规则，它理应是最有治理能力的规则。不过，实际中的情况却是复杂的，实际上在全球治理的过程中国际法面临着各种各样的困难，甚至在某些情况下，正因为国际法是具有法律拘束力的规则它反而是无能为力的。按全球治理的起因、主体与过程论，国际法所遭遇的挑战可分为全球问题的治理过程中国际法所遭遇的挑战、多元行为体的治理过程中国际法所遭遇的挑战，以及全球化过程的治理中国际法所遭遇的挑战。[①]

一、全球问题的治理对国际法的挑战

全球问题是全球治理活动的受动方，于国际法而言它属于法律关系的客体，它是法律关系所适用的对象，因此，全球问题的治理对国际法所形成的挑战均属于法律关系客体层面的问题。

---

①彭芩萱. 人类命运共同体的国际法制度化及其实现路径[J]. 武大国际法评论，2019,3(04):7-19.

(一)全球问题的治理与国际法

全球问题即关乎人类利益、影响世界发展的重要问题,例如贫困问题、粮食安全问题、教育问题、性别平等问题、环境问题、能源问题、就业问题、国家平等问题、气候问题、资源问题、法治问题等;也可以归类为环境问题、发展问题、跨国犯罪问题、传染病与全球健康问题等;还可以总结为全球安全问题、生态环境问题、国际经济问题、跨国犯罪问题以及基本人权问题等。

其实,全球问题并没有非常严格的定义,但全球问题必然包含着一个非常重要的要素即,全球问题是影响全人类的问题而不仅仅是关乎某些群体的问题。也许有些问题的发生地点位于某国境内,但全球问题并非简单的国内问题。因为,地球已经被分为各个地理国家,所以全球问题发生的任何地方必然是某国境内,但它的影响却可能是全球的,是影响整体人类的。不过,纵使全球问题的发生是非国内性的,其影响也是非国内性的,那么其治理是否是国内性的?诚然全球问题的治理的发生地点必然是某国境内,但如同全球问题的发生地点一样,这种国内性仅具有地理意义,若就全球问题的治理义务而言,全球问题的治理是全体人类的义务,即使某些群体承担了具体的治理工作,它的治理义务依然是普遍性的。

也许这种强行论证全球问题的治理义务的普遍性是徒劳的,世界上有很多对于人类而言普遍性的义务,但其履行效果又如何?不过,全球问题的治理义务的成立可能并不来自规定,而来自事实,即全球问题是关乎全球人类生存与发展的问题。不过,即使这种治理全球问题的普遍义务的效力来自事实,只要某些全球问题的紧迫性不至危及相关群体,那么某些群体依然不会受制于全球问题的治理义务。国家不参与全球问题治理的原因是复杂的,但这种普遍义务的非紧迫性确实构成了国家采取单边主义行为的解释之一。

如果仅关乎整体人类利益以及其事实紧迫性就足以昭示治理全球问题的重要性,似乎"不需要"在法律上规定治理全球问题的义务。不过,全球问题的治理需要合作,因此,在法律上规定全球问题的治理义务的目的并不在于强调治理全球问题的重要性,而在于保证全球问题治理的可能性,即保证某些必要的合作。因此,对于必要但并不总是发生的合作,国际法以法律义务保证其行为履行,而对于相对顺利的合作,法律则承担了为合作过程提供行动规则的作用。但是,即使法律在全球问题的事实层面和治理全球问题的行动层面同时发挥着双重的作用,国际法在全球问题的治理过程中所面临的情况依然是非常复杂的。

(二)国际法治理全球问题所面临的挑战

在全球问题的事实方面,并且在存在全球问题前提下,法律是否有必要将全球问题或其治理义务法律化? 就法律自身的特点而言,法律调整所有的法律关系而非所有的社会关系。除节约司法资源原因外,某些社会关系应该留作社会关系以交由社会治理,如贫困问题或贫富差距问题,这些问题并不适合被法律化(并非不重要)。类似的还有女性主义国际关系学派所重视的性别平等问题(并非不重要)。不过严格而言,这不能算作国际法所遇到的挑战,因本就不是所有的全球问题以及所有的社会关系都应交由法律处理。

但有些问题是需要被法律化的,此时国际法所面临的挑战是:有些问题应该但却没有或还未被法律化,例如与技术有关的伦理问题,这一问题因同样具有跨国性而不能仅依靠国内法律管辖,类似的还有与人工智能技术有关的问题;有些问题则是法律化不足,例如网络空间安全问题,也许对于网络空间的某些问题可以适用或借用"即时国际习惯法",但这样的国际习惯法规则以及《网络空间信任和安全巴黎倡议》对问题的治理而言依然是不足的。

其实以上问题已经具备了一定法律基础,若需要预先为几乎不具备任何法律基础的全球问题进行立法则可能面临更大的困难,不过严格而言,这些所谓的困难并不必然成为法律治理全球问题过程中的挑战。同样地,若需要为目前还不存在的全球问题进行预先立法,则情况类似。

在全球问题的治理行动方面,对全球问题治理之合作行动而言,若合作没有顺利进行,则可分为两种情况。

第一种情况,若存在相应的法律规则,则国际法所面临的挑战是即使存在相应的法律义务,也可能有国家选择脱离法律之束缚。例如,有重要国家退出气候问题的公约。然而更复杂的问题是,国际法本身赋予了国家退出条约或合作的权力,如果这种合作仅是一种权力而非义务的话,国家退出条约或合作则是行使自身权利。这似乎并不能构成国际法所面临的挑战,因为在某种程度上这属于国际法所允许之情势。但如果这种合作既是权力又是一种法律义务,国家退出条约或合作则是违背了其国际法义务的,这确实是国际法所面临的挑战。

第二种情况,若不存在相应的法律规则,那么意图运用国际法而促使合作之发生将是非常困难的,而且这是一种悖论式的幻想,或许也可以称为"公共物品困境"。国际法的适用前提是存在国际法规则的。如果遇到的情况是,在该情况下相应的国际法规则还未制定,那么此时意图运用国际法促成合作是非常困难的。不过,严格而言,这也不能算作治理全球问题过程中国际法所面临的挑战,因为当国际法本身不存在时,它能否被创制不应构成所谓的国际法所面临的挑战——这是国际社会所面临的挑战而非国际法所面临的挑战。另外,若合作顺利进行,国际法也可能面临着某些挑战,例如与多元行为主体有关的挑战。

二、多元行为体的治理对国际法的挑战

多元行为体既是全球治理活动的施动方亦是全球治理活动的受动方,但它于国际法而言只能作为法律关系的主体,而且它是法律关系所适用的对象,因此,多元行为体的治理对国际法所形成的挑战均属于法律关系主体层面的问题。

(一)多元行为体的治理与国际法

多元行为体即全球治理活动的参与者,它指代所有行为体,罗西瑙曾列举了十种除国家外已经为世界政治学者们所接受或使用的行为体：非政府组织、非国家行为体、无主权行为体、议题网络、政策协调网络、社会运动、全球公民运动、跨国联盟、跨国游说团体和知识共同体。此外，罗西瑙将所有行为体称作"权威空间"。当然，多元行为体也可以简单分为国家行为体以及非国家行为体，其中国家行为体包括国家和政府间国际组织，非国家行为体则包括其他所有行为体。不过，这种分类方式在很大程度上是出于习惯而非出于严格的合理性，例如很难界定公私混合组织究竟是国家行为体还是非国家行为体，不过它一般被视为非国家行为体。所以这种分类方式是不严格的，并且这种不严格的区分实际上掩盖了全球治理中多元行为体的复杂性。

所谓的多元行为体的复杂性即非国家行为体与国家行为体关系的复杂性。对于国际法而言，这种行为体间的复杂性构成了国际法必须治理多元行为体的"原因"，因为各种各样的国家行为体与非国家行为体共同地但自主地参与可能会造成治理秩序的混乱。

如果多元行为体与国际法的适用关系分为创制关系与规制关系，那么就创制关系而言，国家行为体无疑可以创制国际法，政府间国际组织也可以在国家的授权范围内创制国际法，不过某些时候的某些国际组织将国家授权延伸为"国家默示"而"超越"国家授权创制国际法，例如联合国、欧洲联盟等。那么非国家行为体是否可以创制国际法？非国家行为体可以影响国家行为体创制国际法，非国家行为体也可以与国家行为体"合作"创制国际法，如联合国对特别事项或特别领域进行造法活动时会与专家团体（非国家行为体）"合作"。

就规制关系而言，国际法无疑可以规制国家行为体，即使规制效果可能并不完美。而非国家行为体也可以"使用"国际法"规制"国家行为体。那么国际法是否可以规制非国家行为体？理论上国际法的定义为国际法规制非国家行为体预留了变通空间，如国际法"调整国际法主体之间、主要国家之间关系"，但实际中的情况是复杂的。

（二）国际法治理多元行为体所面临的挑战

对国家行为体的规制而言，国际法适用的实际效果并不总是完美的,即使非国家行为体常利用国际法"围堵"国家,但国家并不总是遵循国际法,如美俄都常以国际法批评对方违法但不以国际法规制自身。就国家行为体创制国际法而言,国家行为体在其中既扮演了立法者的角色又扮演了受法者的角色,以法律的经验而言,法律是怀疑自觉性的,因此这种自治的风险可能贬损国际法治理的事实效果,如国家会"利用"国际法的国家同意前提、持续反对者原则、条约保留权利、国际法直接适用于国内的程序性障碍、条约退出的权力、无执行机构或无强制执行等而保留一定自主性,这些状况确实是国际法治理国家行为体时所面临的挑战。

对非国家行为体的规制而言,国际法的适用情况是复杂的。这与非国家行为体的国际法地位有关,仅就理论上而言,如果非国家行为体不是国际法主体或不具备类主体的法律地位,则国际法不能适用于非国家行为体,反之则国际法适用于非国家行为体。若国际法不适用于非国家行为体,则因为非国家行为体是事实上的全球治理的重要力量,非国家行为体将不受国际法的规则而自行其是。不过严格而言,不能规制非国家行为体是国际社会所面临的挑战而不是国际法所面临的挑战,因为不适用于非国家行为体是国际法的特性。

但是如果所谓的国际行政法构成国际法的部门法——有学者认为这是法律多元主义的体现——则因国际行政法是调整国际空间或全球空间中"规制型行政关系"与"监督型行政关系"的规则的总和,也就是说,国际行政法可以规制全球空间中承担了公共职能的行为体的行为,即国际行政法既可以规制国家行为体(主要为次国家行政机构),又可以规制承担了公共职能的非国家行为体的行为。但就立法而言,似乎国家行为体以及发挥公共行政职能的非国家行为体都进行了事实上的立法,则法律冲突将成为国际法治理多元行为体过程中所不能避免的麻烦。另外,非国家行为体常创制某些规则进行自我治理或对个体进行治理,然而非国家行为体的"造法"活动常存在透明性、参与性、民主性、程序性、合法性等方面的不足,这些状况反而增加了国际法治理多元行为体时的困难。

对个体而言,实践中国际法可以适用于个体,但适用过程中必然会遇到诸多问题,例如可能出现与国家主权相冲突的情况。个体可以利用"国际行政法""围堵"发挥公共行政职能的非国家行为体,即以行政相对人的身份监督公共行政行为体,但这种情况在客观上增加了国际法治理多元行为体时的复杂性。

就治理多元行为体的国际法规则本身而言,国际法规则自身的某些因素也构成国际法治理多元行为体时所面临的某种困难,如前文所述各行为体创制规则时的复杂情况。另外,单纯就规则创制而言,如国际法条约,从准备、谈判、签订、接受、批准、加入、复核、交存、生效、甚至退出,无不意味着一定的时间和程序要求。除此之外,创制出的国际法规则自身所具有的民主不足、参与度不佳、程序不当等因素还将增加国际法治理多元行为体的难度。另外,在国际法发挥自身治理作用的同时,国际法自身也出现了一定的性质变化或变化趋势,如所谓的"国际行政法""世界法"等就非常明显地超越了"国家之间"的国际法的经典特质——对于国际法的性质转变或变化趋势,有学者主张"国际法应改称跨国法"——这种国际法自身性质的变化也在某种程度上增加了国际法治理活动的复杂性。

三、全球化过程的治理对国际法的挑战

全球化过程是指"碎片一体化"过程,它是世界结构发生变化的动力来源,是全球治理活动的受动方与施动方存在及互动的过程空间,因此也是国际法产生、存在、发挥作用以及发生变化的动力来源及过程空间。对于国际法而言它是国际法的外部动力与空间,不是国际法所适用的对象。因此,全球化过程的治理对国际法所形成的挑战均属于法律与法律外部世界相作用过程中所产生的问题。

(一)全球化过程的治理与国际法

全球化过程指的是包含了全球化与地方化、一体化与碎片化、一元化与多元化的总过程,全球化不是一个单向的过程,而是一个包含

了逆全球化的矛盾循环的过程,它不是一个静态的过程,而是一个还在进行尚未结束的动态过程。它既是世界结构发生变化的动力来源,又是世界结构发生变化的过程空间。因而全球化是一个抽象的过程,所以所谓的全球化过程的治理其实指的并不是直接治理全球化这种抽象的动力和过程,而是治理或应对全球化过程所导致的和包含的世界结构的变化。如现今的世界已经不是一个可以简化为只有国家的世界,正如罗西瑙所言,将现今的世界简化为一个只有国家的世界已经不是一种科学的简化方法而很有可能是一种误解世界结构的简单方法,因为现今的世界已经成为一个国家中心世界与非国家多元行为体中心世界共存的结构网络化的世界。这就意味着原本属于国内事务的活动已经从国家空间外溢至世界空间而导致国家间或跨国活动的大量增加。

面对大量增加的跨国家的活动或世界活动,国家并没有立即采取对所有事项进行国际立法的方式进行治理,而是以政府之间非正式的信息互换、非正式的行动协调的方式共同治理这些世界活动。这种组织状态被斯劳特称作政府网络,斯劳特认为这是21世纪的世界秩序的关键形态,即网络秩序,它将比世界政府式的治理更为有效。政府网络也创制了某些治理规则,即"软法"。软法虽然被冠以"法"、又由国家或政府所创制,但软法是没有法律拘束力的规则。软法常以会议信息或交流意见的形式而存在,不过它通常会相对有效地影响某些世界活动。软法的出现象征着一种不同于正式的国际法规则的新型规则的出现,而且它作为一种新型的、初生的规则形式必然也会在全球化的过程中继续经历一种淘汰与正式化的过程以最终成为成熟的、正式的规则,但这种正式的规则是否会全部成为法律规则将是不确定的,适合成为法律规则的软法自然会成为法律规则。而软法的正式化为法律规则的过程也正是国际法规则淘汰、更新与发展的过程。

世界活动的大量增加不仅导致不同于国际法的新型规则的出现,同时也促使国际法的大发展。如跨国的以经济、犯罪、气候环境、人权等为中心的活动的大量增加促使国际法的国际经济法、国际刑法、国际环境法、国际人权法等部门法及其规则的进一步发展,甚至国际行政活动的出现与增加促使新型国际法律部门法的出现及发展,即所谓的国际行政法,有关全球立法的活动促使国际宪法或全球宪法概念的提出等。相应地,国际法规则被进一步发展,大量具体的国际法规则、机制、制度等被创制出来,如世界性的、区域性的、超国家性的、跨国家性的、多边的、双边的、关于一般事项的、关于特别事项的、关于问题治理的、关于行动协调的、关于旧有事项的、关于新兴事务的等。大量的国际法规则被创制出来不仅在内容上也在数量上丰富着现今的国际法体系。

然而,国际法的部门法及具体规则的大发展,只是身处全球化的过程中和治理全球化所导致的大量增加的世界活动的国际法的一方面,而在另一个方面,国际法的部门法与规则的大发展也为国际法带来了某些挑战。

(二)国际法治理全球化过程所面临的挑战

首先,为更精准地治理大量的、跨国家的、不同的世界活动,国际法的各部门法进行了相应的发展,而这就意味着各种相对于一般法而言的针对更具体的国际法规则的发展,也就意味着各种相对于一般法的具体制度、特别制度、自足制度的出现。这些特别制度确实可以更好地适用于具体的情境,但在某种程度上而言,这些制度在发展的过程中可能会优先考虑实际的治理需求而选择强化自身的特别制度,这可能有损国际法体系本身的宏观制度的统一性。另外,特别制度的专业性和排外性隔离了法律专家与不了解法律的一般人,从而导致制度创制过程的参与度与透明度等的缺失,也弱化了精通不同法律制度的法律专家之间的联系,如战争法专家可能不了解海商法中的"货物越过船舷(Free on Board,FOB)",国际环境法专家不了解何为"互联网治理四原则"等,这种状况将同样强化国际法的特别制度而弱化国际法宏观的规则体系的协调性。不仅如此,这些国际法的特别制度的专业性与排外性会致使司法精英的产生,而这种精英式治理或专家式治理模式可能会在专业性、程序性、透明性、民主性等方面催生某种治理风险。

另外,大量的国际法规则的出现不仅意味着针对不同问题的原则以及规则被创制出来,甚至针对同一个问题的原则被重复性地创制出来。以环境问题为例,可能任何但凡有必要的国际法制度或条约都会对环境问题做出规定,例如世界性的战争与安全条约会规定环境问题,跨地区的贸易投资条约会规定环境问题,地区性的海商条约、特别的保险条约、一般的气候环境条约本身,以及多边的或双边的人权条约等都会对环境问题做出相应的规定。大量的国际法制度或条约都对同一问题进行了规定或约定但其规则内容却并不完全相同,这意味着有可能在同一个问题之上存在着多种可适用的国际法规则,但不同的规则却可能指向完全不同的处理方向,如经济条约与环境条约对同一环境利益有可能做出完全相悖的规定。再如,英国塞拉菲尔德"莫克斯工厂案"核设施运营所导致的环境问题同时涉及三种条约,即《联合国海洋法公约》的通用规则、《奥巴委公约》的区域规则,以及欧洲原子能共同体的区域规则,这三种规则分别代表了三种不同的处理方式。这便是国际法的法律或规则冲突。

但是法律(规则)冲突其实是法律常有之情势,除法律技术方面的原因外,法律冲突还代表着现实中本就相互冲突的不同利益,这一点在条约创制过程中可能表现得更明显,如国家常以国家利益为重而不加入某些条约等。但存在规则冲突的国际法并非不能用以"裁判案件",因为法律常有规则冲突,国际法律师总能运用专业的知识和技术为案件争取到某个结果。不过,对此不同的人有不同的看法,如认为法律冲突是法律多元发展所带来的法律的功能性发展的必然结果,遇有法律冲突之情势,依靠国际律师的专业能力以及法律推理技术便能够解决规范冲突问题,但也有学者认为这种情况下的所谓的"解决了法律冲突"其实利用的不仅是法律技术,还利用了现今国际法体系的特点而走了规则选择和法律选择的捷径,因此国际法规则的这种法律冲突并不是单纯的法律技术问题,它还是国际法自身的法理问题。国际法的这种状态被学者们称为碎片化或不成体系,即国际法规则体系在统一性、整体性、协调性方面存在不足,而且国际法体系的这种状态很可能导致判决结果"不公平",导致国际法失去威信。

对于国际法的这种规则状态,学者们试图提出各种应对办法,对国际法体系的碎片化,学者们认为应促使国际法规则体系的整合、统一,以及协调,如有的学者认为国际法应该统一,有的学者认为国际法需要宪制化,有的学者如斯劳特认为,这种碎片化正是国际法发展,也是法律全球化的好基础,但也有学者认为,这种国际法体系的碎片化所反映的正是世界及其事务的巨大异质性,这种所谓的好基础其实是法律发展,也是法律全球化的巨大困境。而对不合理的规则冲突问题,学者詹克斯认为需要一种可以处理规则冲突的"冲突法",不过对于国际法的这种明显的规则量变,更多的学者们已经开始思考这样的发展是否已经改变了国际法的性质? 现在的所谓的国际法是否已经变成了"跨国法"? 现在的所谓的国际法又离"全球法"还有多远?

综上所述,按全球治理的起因、主体与过程论,国际法在全球问题的治理中面临着法律客体层面的挑战、在多元行为体的治理中面临着法律主体层面的挑战,以及在全球化过程的治理中面临着外部环境所带来的挑战。

全球问题是关乎全人类整体利益的问题,它的治理义务是事实性的而非法律性的,因此国际法的作用是在事实层面对这样一种治理义务进行确认,并在行动层面确保协调合作的治理行为的启动。但在这个过程中国际法也面临着一些治理上的困难,例如,某些全球问题依然立法不足,而国际法却不能在没有相应的法律规则的前提下发挥其作用;而全球问题治理中的另一些情况则是,国家会利用国际法所赋予的条约退出的权力而摆脱国际法的束缚,此时国际法更是悖论式的无能为力。可见,其实是国际法本身的规则状态决定了国际法必然遭遇这些困难。

多元行为体包括国家行为体与非国家行为体,这些行为体都是全球治理活动的重要参与者,特别是非国家行为体,它在全球治理过程中发挥着不亚于国家行为体的重要作用。但全球治理活动需要秩序,国际法为有序参与治理活动提供了一种标准。但在这个过程中国际法也面临着一些困难,如国际法是适用于国家行为体的法,但国际法的适用主体的严格范围是不能也不应该固定的,与此同时,国际法的创制主体的范围正处于扩大的过程之中,这无疑更加增加了国际法治理多元行为体的不确定性和复杂性。

全球化过程是世界事务和结构正在经历着的尚未完成的动态过程,而国际法身处这个动态过程之中。首先国际法在全球化的过程中正经历着自身规则的淘汰、更新与发展,同时又面对着同样在全球化过程中不断发展变化的世界事务而不得不进行相应的变化与发展,纵使这两个过程来源于同一种全球化动力,但国际法却承受着双层的影响。

可见,国际法在全球治理过程中遭遇了各种各样的挑战,不过这些挑战其实都与国际法本身的规则状态有关:国际法本身的规则状态,决定了国际法在全球治理的过程中发挥何种作用,同时遭遇何种性质的挑战。但是,还未结束的全球化过程既给国际法的治理增添了一定的复杂性以及不确定性,同时还将继续冲击着国际法本身的规则状态。

第四节 全球治理理念下国际法治的基本架构

全球治理不仅包含国家治理、政府间国际组织(机制)治理,还包含吸收其他跨国社会力量在内的综合治理。全球治理需要依靠规则和规则化的权力来保障,其治理框架涉及国际政治、经济和社会公共道德建设等多方面。

一、国际法治的基本架构之政治领域

国际政治领域的全球治理主要是改变传统的单纯以国家安全、以大国安全为中心的治理结构。全球政治治理的主要依托机构无疑是联合国及其国家系统,同时吸收其他社会组织的力量和智慧。建立在第二次世界大战废墟上的联合国,其主要目标是避免战争带来的危害,促进民生,维护国际秩序。维持国际和平及安全、促成全球人民经济及社会之进展是建立联合国的最高理念和纲领。《联合国宪章》确立了"维持国际和平与安全"等宗旨及"各会员国主权平等""不干涉内政"等原则。可以发现,在全球政治领域的治理中,维持国家主权的和平及安全特别是大国的和平安全成为《联合国宪章》设计的基本考量和出发点。

从法理的角度看,任何法律不管是国内法还是国际法都有其相对滞后性,从而顺应社会变化适度扩大或发展某些法律规范本身就应该是法律体系的内在要求。《联合国宪章》的首要宗旨是"维持国际和平及安全",这就要求了联合国采取有效集体办法,以防止且消除对于和平之威胁,制止侵略行为或其他和平之破坏;并以和平方法且依正义及国际法之原则,调整和解决足以破坏和平之国际争端或情势。因为在全球化的时代,一国的和平越来越与世界和平联系在一起,和平已不只是国家的和平与安全,还包括人类的和平与安全。从而联合国"维持国际和平及安全"的"国际"应该逐步向"世界"即维持"世界和平及安全"的理念转变。

二、国际法治的基本架构之经济领域

世界和平的最终基础是经济。经济发展,特别是不发达国家的发展,被视为"整个世界和平与公正的关键",并成为国际社会需要优先考虑的问题。然而,由于经济发展问题面广根深,难以一蹴而就,国际经济领域的全球治理机构、机制及各种发展促进政策也就显得极为庞杂、分散。总的来说,协调处理国际经济、社会领域事务的机构主要有联合国经社理事会特别是联合国开发计划署、世贸组织、G20等组织和机制。

三、国际法治的基本架构之公共道德领域

有关国际道德的有无,国际社会历来存在两派针锋相对的争论。有人认为,影响国家间关系的因素只有一个——权力,而道德是起不到任何作用的;有人认为,道德既适用于个人,也同样适用于国家。实际上,国家作为"拟制的人",作为人的群体的代表,具有一定的道德规范是理所当然的。正如爱德华·卡尔所指出的,在我们对文明的理解中就有着承认我们对其他人负有某些义务的内涵,这种文明人的道德义务导致了我们对国家也负有类似义务的观念。如果一个国家在对待自己的国民,尤其是对待外国公民的时候,不能遵循某些行为准则的话,这个国家就会被视为野蛮的不道德的国家。国际社会存在对国家有约束作用的国际道德准则,这种准则中最重要的,也是受到明确认可的一条是,不得造成其他人不必要的死亡和痛苦。这一道德原则是大部分战争法规的基石,而战争法又是国际法中最早出现、最臻成熟的一部分,在不影响开展有效军事行动的情况下,基本上得到了大家的遵守。现实生活中,国际法作为国际社会的行为规范,其遵守和执行除了利益制衡外,主要依靠国家的信念与道德的力量。违反条约的事情虽然也会出现,但会被视为不正常的事情,因此也就需要违反者提出特别的理由:要么否认违约,要么说明违约的道德与法理依据。这表明,普遍的道德义务感通常存在。①

实际上,在规范主义的平台上,当前国际问题研究中的法理主义、新道德主义思潮也日益与国际制度建设、全球主义、世界秩序等潮流的兴起紧密结合在一起。这些研究主张:虽然道德因素似乎难以在国际政治现实中发挥直接的作用,但是,作为一种深层次的因素,国际秩序以及国际法律机制都体现着价值的选择和道义取向。尽管人们对一种普遍的公平与正义的道义能否实现存在很大的争论和怀疑,但是强调国际伦理道德的声音对建立世界秩序的方向有着不可忽视的引

①宋效峰.习近平国际法治思想探析[J].佳木斯大学社会科学学报,2019,37(01):12-15+20.

导作用。对于国际法来说,这种引导其实就是自然法对实在法的召唤。

　　当然,在任何社会秩序中权力都是不可或缺的组成部分,事实上权力与道德相互交织。可以说,无视世界秩序中的权力因素是片面的理想主义思想;无视道德因素,则是一种不现实的现实主义思想。与国家一样,国际秩序的权威既需要权力的支撑,也需要获得普遍认可的道德基础。因此,只有坦诚接受经济利益需要服从社会目的,同时又肯定权力的作用并处理好权力、利益和道德之间的制约关系,"和谐世界"这座全球共治的摩天大厦才可能真正建立,世界"永久和平""天下大同"之类的美好理想也才可能最终实现。

第三章 地位与局限
——全球治理中的国际法

全球问题的治理、多元行为体的治理，以及全球化过程治理中的各种挑战皆考验着国际法的治理能力，而且这些挑战在没有国际法功绩的对比下显得更加繁杂。国际法所遭遇的种种挑战都与国际法本身的规则状态有关，国际法本身的规则状态决定了国际法能够在全球治理中发挥何种作用并同时遭遇何种挑战。因而，在认识国际法的作用之前明晰国际法在全球治理过程中的规则状态非常重要，因为它已经成为界定国际法作用的重要前提。

国际法在全球治理过程中的规则状态既不是无能的也不是万能的，国际法的规则状态是介于无能与万能之间的。而正是国际法的这种规则状态决定了在具体的全球治理过程中国际法的地位与局限。

第一节 具有法律效果的全球问题机制

国际法是一种全球问题机制，但它仅是一种具有法律效果的问题机制，所以国际法是有其局限性的，其局限性就在于它仅是一种具有法律效果而非其他效果的问题机制。

一、国际法是一种具有法律效果的全球问题机制

首先，所谓的法律效果并不是具有特殊含义的新概念，所谓的法律效果就是指法律的效果；但是，法律效果应与政治效果、社会效果，以及实际效果（或综合效果）区分开来。如果对法律发挥其作用而形

成的效果进行细分并界定,则将国际法发挥其作用而形成的效果总体命名为实际效果或综合效果,实际效果或综合效果中包含法律因素所决定的法律效果、政治因素所决定的政治效果、社会因素所决定的社会效果以及其他因素所决定的其他效果(其中社会效果暂取刨除法律效果、政治效果以及其他效果剩余之部分);在此基础之上,以理想效果评价实际效果。所以,国际法治理全球问题时,国际法作为一种具有法律效果的问题机制只能产生法律效果而不具有其他效果。

笔者以联合国 2030 年可持续发展议程中的目标——"实现性别平等,增强所有妇女和女童的权能"为例。该问题对应的法律机制在法律上做出规定,即"人人平等"——这是一种法律机制所能提供的法律效果。而现实中,是否能够真正地平等对待妇女和女童还将取决于其他因素,如社会因素中的文化因素、宗教因素、观念因素等——这是一种社会因素所产生的社会效果。所以,最终的实际效果是,部分的妇女和女童既在法律上被平等对待又在实际上被平等对待,部分的妇女和女童仅在法律上被平等对待而实际上没有被平等对待。因此,对于"妇女和女童权能"这一问题,国际法作为问题机制其法律效果是在法律上进行规定给予妇女和女童与其他任何性别同等的法律地位,但国际法不具有任何其他效果,所以作为问题机制的国际法的实际效果是否理想还取决于其他很多因素。①

所以同样地,对其他全球问题而言,如传染病问题的治理,国际法作为问题机制尽可能合理地规定了各国治理传染病的权力和义务,也规定了治理行为应该怎样发生。但是即使世界各国齐心协力共同抗病,最终的实际效果也可能是没能成功地治理传染病。即国际法作为一种法律机制所能提供的仅是一种活动框架,活动是否进行以及进行得是否成功实则已经超出了法律的能力范围,所以国际法不具有除法律效果以外的其他任何效果。但这并不意味着国际法不能干涉和影响其他因素,如果国际法一旦干涉或影响其他因素,则最终的实际效

---

① 于谨茜. 国际法上的"保护责任"研究[D]. 青岛:青岛大学,2020:46.

果可能是理想的。但国际法仅是干涉和影响其他效果,这种干涉和影响是否成功依然是超出国际法的能力范围的。

所以,所谓有效的国际法指的是国际法的法律效果,且国际法是否有效只取决于国际法本身。国际法发挥其作用之后的效果是实际效果,但实际效果不等同理想效果,当然这仅能说明实际效果不理想,而不能证明国际法没有效果,也不能证明国际法无效。如对于传统安全问题,国际法作为安全问题机制指明"战争非法(暂不作正义与非正义细分)",但实际中,政治因素发挥了非常重要的作用,所以最终的实际效果是,有时有的国家不会发动战争,但有时有的国家则会发动战争。所以以国际法排除战争的实际效果是不理想的,但实际效果不理想却证明了战争不仅是法律问题,同时还是政治问题,是政治因素及其效果在很大程度上主导了实际效果。但是,实际效果不理想不代表法律没有效果,法律也发挥了作用,国际法"规定"了战争违法,这就是法律的作用。所以,国际法是有效果的,其效果即在战争发生后担当"制裁战争行为"的依据。甚至同样地,是否能够成功制裁战争行为同样也是一种效果过程。

另外,如果说"法律效果"仅是一种国际法是否有效的"判断标准",那么,似乎也可以以"事实效果"为标准而衡量"法律是否有效"。但可行不代表合理。以实际效果为标准而判断国际法是否有效就是非常不合理的。标准是否合理其实是取决于是否严格细分了法律效果与其他效果的,只有严格细分法律效果与其他效果才能发现法律效果不应被其他效果所覆盖。一旦法律效果被其他效果所覆盖,那么所谓的标准便是不合理的。其结果也将是,主张国际法有效时却没有理由证明国际法有效,刻板坚信国际法"没有用"时全是理由证明国际法无效。所以,国际法作为一种问题机制仅具有所谓的法律效果,且法律效果仅构成实际效果的一个部分。

二、国际法作为一种具有法律效果的全球问题机制的局限

因为国际法仅是一种具有法律效果的全球问题机制,所以在治理

全球问题时,有些问题不适宜交由国际法治理,如一些社会属性非常强的问题。有些问题则是国际法仅能治理这些问题的某个方面,如属全球经济问题的交易安全问题,法律可以规定诚实交易或信用交易,但仅有法律规定或法律框架并不能真正地解决交易安全问题,真正能够解决交易安全问题的将是实实在在的技术,如区块链技术。所以国际法仅能治理全球经济问题中的交易安全问题的某个方面,也即"规定"应该怎样交易;同理,对于传染病问题而言则是医疗技术实际解决了传染病问题,国际法作为一种问题机制仅是以法律的方式促成合作。有些问题则是国际法没有能力"治理"的,也即法律效果所能贡献给实际效果的比例将非常有限,如某些政治问题。

政治问题,特别是关于传统安全的政治问题即使交由国际法治理,其治理效果也将是有限的。因为,战争是残酷的、是"不应该发生的",但包括国际法在内的任何法都没有能力"制止"战争。同样地,国际法只能"规定"战争违法或者对战争行为进行评价而非实际地制止战争,但这并不意味着国际法是无用的。如果治理的标准是"制止战争",则国际法没有这种治理能力,但如果治理的标准是"尽可能地制止战争",则国际法确实以在法律上做出规定的方式阻碍着战争的发生。因此,法律效果并不等同于实际(综合)效果,且于理想的实际效果而言法律效果是非常有限的。

另外,在国际法治理全球问题的过程中,国际法还为参与治理全球问题的行为体提供了一种活动框架或行为框架,但国际法作为问题机制或活动框架,其所能做的是规定治理有关方的权利义务,也即对应该怎样行为做出规定,此即法律所具有的法律效果。但行为是否做出是超出国际法的能力范围的,不过是否做出评价是属于国际法能力范围的,不过纵使国际法的评价有可能影响行为的做出,评价行为也依然不能代替做出行为。所以,国际法作为一种问题机制或活动框架其理想的实际效果仍然是有限的。且这个过程中依然会有其他因素发挥着其他的特定作用。其他因素发挥出的其他效果要么强化法律效果要么减损法律效果,所以即使国际法作为一种问题机制或活动框架发挥了它所能发挥的法律作用,最终的法律效果依然仅是部分的、有限的实际效果。

但所谓的国际法的理想治理效果是有限的并不代表国际法没有任何作用,国际法的有效效果是相对于理想实际效果而言的,但相对于法律自身所能并且所应该发挥的作用而言,所谓的国际法的有效效果却是国际法所能发挥出的全部的法律效果。这是符合实际情况的,实际中,国际法确实只能在其能力范围之内发挥其自身的作用,而不可能超出其能力范围而发挥作用。即使国际法的效果呈现出一种所谓的理想状态,那也是一种在各种其他非法律因素的共同作用之下所构成的综合的理想效果,如国际法规定战争违法,但在现实中,联合国依然要派遣维和部队才能真正地实际地控制武装冲突。这便是国际法与武力因素的共同作用之下发挥出的实际中的制止武装冲突的所谓的理想效果。不过在这里可以得到这样的启示,即继续强化有关司法机构的建设将增益国际法所能贡献的实际效果。

第二节 主要适用于国家行为体的活动框架

国际法是一种活动框架,但国际法仅是一种主要适用于国家行为体的活动框架,所以国际法是有其局限性的,其局限性就在于它仅是一种主要适用于国家行为体的活动框架。

一、国际法是一种主要适用于国家行为体的活动框架

在全球治理过程中,国家会为某些问题和一般性的活动创制必要的国际法规则,也会与政府间国际组织一同创制其组织章程,非国家行为体中承担着公共职能的组织则会创制自身的行动规范,这些非国家行为体的行动规范在某种程度上发挥着"类行政法"的功能。所以,

针对这一系列的复杂情况的严谨表述应该是,国际法是一种主要适用于国家行为体的活动框架,也即国际法其实是一种具有限定性的活动框架。不过,国际法的这种限定性其实来源于一种法的"内容指明",即当法律指明某种情势时法律也同时限定了这种情势。但这种指明和限定仅是对内的而不是对外的。所以,即使这种指明和限定导致了一种法律的排外适用,法律指明的主要目的也不在于"制造"排外性。所以,国际法虽然是一种具有限定性的活动框架,但国际法不是一种制造排外性的活动框架。①

另外,国际法是一种主要适用于国家行为体的活动框架,不过并不是所有的国家行为体的所有活动的所有部分都适用国际法作为其活动框架。如外交场合签订条约时,条约的签订、批准、生效,甚至退出都属于国际法的条约法所关注的内容,但签订条约时相关缔约国的外交官是否握手、是否微笑、是否迎送等都不属于国际法所关注之内容,这些活动可以为国际礼节或国际道德所关注。又如,对政府间国际组织而言,政府间国际组织在有关国家雇佣核心事务的职员时,这种活动可以适用"国际公务员法""国际行政法""国际组织法"或"国际条约法",但国际组织在其机构驻在国当地雇佣日常事务工作人员时则不必启用国际法。

除此之外,国际法是"主要"适用于国家行为体的活动框架,这意味着它也是可以适用于非国家行为体的。不过,究竟可以适用于哪些非国家行为体是不确定的,并且,不论"哪些",就具体的非国家行为体而言,它究竟是否可以适用国际法作为其活动框架也是不确定的。因为,对于非国家行为体而言,究竟其是否可以适用国际法,并不取决于国际法,也即并不依赖于"法律合法性"。当然某些已经规定了其适用主体范围的国际法规则是必然不适用于非国家行为体的,不过非国家行为体可以创制自己的行动规则。例如,在全球活动中承担着公共职能的非国家行为体,其所制定的章程等就被认为构成了国际行政法。

---

①邹龙妹,黄秋丰. 国际法[M]. 北京:法律出版社,2018.

所以,非国家行为体自己创制的行动规则在事实上自发地"成为"国际法。所以,相对于"法律合法性"而言,非国家行为体自己制造了"事实合法性",但这种"事实合法性"是否成功是很难确定的。

这种事实合法性似乎与当时的国家创制的"威斯特伐利亚国际法"的事实合法性是同源的。也许对于法律的创制而言事实合法性具有相对于法律合法性的高位效力,不过法律合法性也可以倾覆事实合法性。因此,在事实合法性和法律合法性之间存在着一种合法性的位阶循环,不过也正是这种循环的位阶逻辑使法律合法性与事实合法性都具有了某种效力。即,它不仅使部分非国家行为体具备了创制国际法的资格,更使非国家行为体创制国际法的资格生发于既定国际法对非国家行为体适用国际法的不确定性之中。所以,国际法是一种具有限定性的和不确定性的活动框架,而国际法作为主要适用于国家行为体的活动框架的局限性也正来自这种限定性与不确定性。

二、国际法作为一种主要适用于国家行为体的活动框架的局限

国际法的限定性在某种程度上制造了一种适用的排外性,加之国际法对非国家行为体适用国际法的不确定性,导致非国家行为体参与全球治理活动时"不具有"法律合法性,仅具有事实合法性,仅就"在事实上参与"而言,这对于全球治理而言不是什么严重的大问题。非国家行为体的参与行为是国际法所不能规制的行为,因法律发挥作用的前提是存在必要的规则,并且法律的"指明"和限定是对内的,所以这就意味着现有的(国家间法)规则是不能规制非国家行为体的。甚至,当因某些情形而需要对非国家行为体的行为提起诉讼时,因为(国家间法)没有相应规定,所以某些司法机构也将无法受理对非国家行为体提起的诉讼。另外,试图以国内司法机构迂回解决相应问题并不是一项长久之计。

非国家行为体参与全球治理是全球治理的重要意义之所在,不过非国家行为体参与全球治理的意义不是为全球治理平添混乱。因为非国家行为体具有一定的自主性,并且在其通过自己的方式影响或干

涉国家和政府间国际组织的某些活动时表现得非常明显,所以也正是因为非国家行为体的重要性以及其重要的影响力,非国家行为体也应该被纳入某种法律框架内以规制其活动。在这个意义上而言,以非国家行为体的组织章程或行为宣言作为一种规则或"类法律规则"对其进行规制是必要的。但是在这种情况之下,主张全球治理必须是"正义"的是必需的,因为非正义的组织章程或行为宣言不能也不应该成为非正义行为的依据。

所以,在这个意义上而言,主张国际行政法的存在是具有非常重要的意义的,特别是对那些在全球空间中承担着公共职能的非国家行为体的规制而言。除此之外,对在全球空间中承担着公共职能的国家行为体而言,国际行政法也具有非常重要的意义。因为国际行政法将给予作为承担着公共职能的非国家行为体的"行政相对人"以一定的行政监督权,而这可以规范全球空间中的公共行政行为。但是,所谓的"国际行政法"是否已经构成了国际法还是有争议的,这也是所谓的"国际法是一种主要适用于国家行为体的活动框架"这种表述所涵盖的意思之一。不仅如此,所谓的"国家行为体"是否包含"国家行为体与非国家行为体共同组成的公私混合组织"也是不能确定的,国际法对具体的其他非国家行为体是否适用也是不确定的。如此看来,这句表述虽然是严谨的,但国际法作为一种主要适用于国家行为体的活动框架却是非常局限的。

实际中的情况确实是这样的,"主要适用于国家行为体的国际法"确实在行为体方面限制着非国家行为体的适用,即使某些非国家行为体已经在事实上发挥着重要的治理作用,但其依然不具备普遍性的国际法主体地位。如国际奥林匹克委员会,目前它仅在部分国家的承认下具有法人资格,因此国际奥林匹委员会的活动不能为普遍的国际法规则所规制,同时其组织本身也不能进入国际法规则所形成的活动框架,所以通常情况下,运动员对国际奥林匹克委员会提起的诉讼,国家一般是不受理的。

第三节 全球化治理的法律结构

国际法是一种全球化治理的法律结构,但全球化作为一个动态过程,全球化以其特有的方式影响着身处这种过程之中的治理结构,所以,身处全球化过程中的国际法因其必受全球化动态过程的影响而有其局限性。

一、国际法是全球化治理的法律结构

全球问题促使问题机制的构建,多样行为体也为其自身活动构建相应的活动框架,可见作为问题机制和活动框架的国际法在全球治理的过程中扮演了一种治理中介的角色,因此国际法是全球治理的一种法律结构。但是国际法身处全球化的动态过程之中,全球化的过程中存在着一种悖向的动力,学者们为更好地表达这种复杂的动力甚至创造了新的概念,如"碎片一体化",当然还有其他措辞。正是全球化过程中的这种"碎片一体化"的动力导致了世界结构的变化,导致了国家中心世界与多元的非国家中心世界的共存状态,导致了世界关系的网络化,也正是这种动力影响着全球治理的法律结构。

第一,跨国界的活动的大量增加促使国际法规则大量增生。在任一可称作全球治理的"空间"中,一般都会存在必要的国际法规则或国际法规则的前身规则。并且,相对于一般的制度、机制或原则而言,大量具体的国际法规则被创制出来,这就造成了国际法体系因治理空间的繁多而随之在结构上呈现出一种中心多元或中心分散的状态。另外,大量的具体规则,即使是性质不同的规则也会对同一种情势做出相同或不同的规定,从而导致了规则的重复以及规则的冲突。而且,很难确定这种规则重复与规则冲突究竟会更多地强化国际法体系的分散性还是会更多地刺激国际法体系的统一动力,不过就现在而言,国际法的规则体系是一种多元分散的法律结构。

第二，国家中心世界与多元中心世界共存的世界中产生了非国家行为体所创制的国际法规则。传统的或经典的国际法观认为，国家行为体创制的有法律拘束力的规则才是国际法规则。若所谓的法律拘束力来源于"事实"，则非国家行为体所创制的规则同样可以通过"事实"而具备所谓的法律拘束力；但如果其拘束力来源于"国家这种组织本身"，那么联合国或欧盟所创制的所谓的国际法规则在某种程度上已经突破了这种严格的界限。在这个意义上而言，似乎"国家"并不是国际法规则生发的决定性因素，因此，非国家行为体创制的规则不是没有可能"成为"国际法的。对此已经有学者指出，传统的法律本体论暗含着一种全球化新情况的新的建制路径应该拥抱"体系中心"的法律观，即注重国际法作为规则的本质而不过分强调国际法的创制主体。就目前已经出现的这种观念转变的趋势而言，国际法作为一种规则体系它是一种"弱主体性"的法律结构。[1]

第三，全球治理过程中，政府官员常以交换信息、协调行动的方式应对全球层面的共同问题，这种秩序或组织状态也就是前文提到过的网络秩序，其中以政府司法官员为主的网络即司法网络。斯劳特认为政府网络将比当下的世界机构或世界政府更有效，不过这种组织状态依然未被理解、未被支持、未被使用。政府网络所发布的意见被认为是一种"软法律"。软法被认为是一种无法律拘束力的、但非常有效果的治理规则，似乎它与法律的核心区别仅在于"形式"，所以，若以国家实践的国际法渊源论，它似乎至少构成一种正式法律规则的前身。因此，严格而言它并不是法。就对比软法与国际法而言，网络化世界中的国际法仍然是一种硬法式的法律结构。

二、国际法作为全球化治理的法律结构的局限

在全球治理中，国际法本身的规则结构是中心分散式的，这意味着相对于一般国际法规则的特别规则、自足制度、部门法各有各的效

---

①孙吉胜. 当前全球治理与中国全球治理话语权提升[J]. 外交评论(外交学院学报)，2020,37(03):1-22+165.

力中心。这确实彰显了全球化世界中国际法的多元化,但也意味着国际法体系的碎片化,还意味着国际法体系存在规则一体性的缺陷。缺乏一体性的规则体系,将导致当不同规则出现冲突时,没有一个法律性的规则本身的标准来界定规则的位阶或使用。即使国际法依然可以充当法律案件的裁判依据,但这样的国际法规则状态下的判决却可能是非法律性的结果,可能是国际法律师运用了过多实务技巧的结果,可能是案件的当事方利用国际法的规则状态而刻意选择审判法院的结果,这些状况的存在减损了国际法的法律威信。那么,对于依靠规则的全球治理而言,存在威信风险的国际法可能会将这种风险带至全球治理过程中而导致全球治理的合法性危机。

另外,国际法的结构是"弱主体性"的中心分散。这虽然意味着非国家行为体创制和适用国际法的可能,但具体哪种非国家行为体可以创制与适用国际法规范却是不确定的——某些非国家行为体已经取得了国际法律主体地位但另一些却没有,某些非国家行为体在某些地区已经取得了国际法律主体地位但在另一些地区却没有。这不仅对国际法规则本身的适用造成了一种规则适用上的不确定性,甚至还会因不能适用于非国家行为体而致使国际法本身存在参与性、民主性、多样性、包容性,甚至合法性的缺陷。并且,国际法的创制主体的范围正在扩大,这会对国际法的"国家间法"的性质造成一定的冲击,而且现在并不能确定超越"国家间法"性质的国际法是否真正有利于全球治理,因为发生性质变化的国际法究竟会带来广泛参与还是广泛混乱是不能确定的。于全球治理而言,以国际法规制非国家行为体具有一定的正面意义,但国际法适用主体的扩大也在另一个方面强化了国际法体系的碎片化,这种利弊转化同样是目前所无法量化的。

除此之外,国际法的结构是"硬法式"的,这似乎意味着国际法的局限性就在于其本身,因为正是国际法的硬法性而导致国际法不能适用于某些情况。就政府网络所治理的问题而言,创制软法是其最佳的治理方式,若创制硬法是更好的治理方式,很难想象政府网络不会创制硬法而仅会创制软法。不过对于国际法本身而言,国际法的硬法性更像是国际法的特点而非其局限性,不过对于全球治理而言,硬法式的国际法有时不能适用某些更适合软性规则的情势。不过从另一个角度而言,软法的出现代表了硬法式的国际法规则的淘汰。虽然这仅是某些硬法性的国际法规则的淘汰,并不意味着整体的国际法的淘汰,但是,这些有效的软法规则也将在全球化的过程中或淘汰或进化,也将渐渐正式化为成熟的治理规则,而其中的某些部分也将必然构成国际法的组成部分。

对于国际法现有的局限之处,学者们主张了各种"升级"方案,建立"冲突(指明)法"、统一国际法或将宪法规则纳入国际法,但这其中的每一项都将是艰难的工作。然而更艰难的情况是,全球化正在进行还未终止,任何一项工作都面对着巨大的不确定性,甚至文中出现的观点都有可能因为新情势的出现而被视为误解。因此,国际法于全球治理的局限之处还在于国际法本身正处于还未终止的全球化过程之中。

综上所述,确认国际法的规则状态是认识国际法在全球治理过程中的作用的重要前提。在全球问题的治理中,国际法是一种具有法律效果的问题机制,在多元行为体的治理中,国际法是一种主要适用于国家行为体的活动框架,在全球化过程的治理中,国际法成为全球化治理的法律结构。

全球治理过程中,国际法于全球问题的治理是一种全球问题机制,但国际法是一种具有法律效果的全球问题机制,这意味着国际法作为一种全球问题机制只具有最大化的法律效果而不具有其他非法律效果。这意味着国际法既不能发挥非法律的作用,也不能代替非法律的因素发挥非法律的作用,甚至在其他非法律因素的影响之下,包含了多种因素的综合治理效果的实际效果将远低于承载一定期待的理想效果。

全球治理过程中,国际法于多元行为的治理是一种活动框架,但国际法是一种主要适用于国家行为体的活动框架,这意味着国际法作为一种主要适用于国家行为体的活动框架不能确定无疑地适用于非国家行为体。这意味着国际法是否能够规制无序的非国家行为体的治理行为是不确定的,是否能够作为非国家行为体有序参与全球治理的活动框架也是不确定的,但不能适用于非国家行为体将导致国际法的参与性、民主性、多样性、包容性,甚至合法性等方面的缺陷。全球治理过程中,国际法于全球化治理过程而言是一种法律化的治理结构,但国际法是一种中心分散式的、"弱主体性"的,以及硬法式的法律结构。由于国际法依然身处全球化过程之中,这意味着国际法作为一种全球化治理的法律结构其自身的体系状态依然是不稳定的,而国际法自身规则体系的不稳定性将影响国际法治理作用的发挥,也将决定目前的国际法只能适用于某种治理情势。并且身处全球化变动过程中的国际法未来究竟会向何种规则状态发展仍是未知的。

可见,国际法虽然在全球治理的过程中发挥着一定的作用,但其所发挥的作用的实际效果是有限的,其适用范围也是有限的,而且还未终止的全球化进程本身决定了国际法在面对不确定的世界事务时其治理能力也必然是有限的。

第四章 交互与推进
——全球治理中的标准与国际法

第一节 标准在国际法渊源中的地位

随着标准在全球治理中地位的不断攀升,标准是否对现有国际法秩序带来了根本性变革? 对此,有必要深入标准与国际法渊源的关系并加以考察。标准虽然并非依据《国际法院规约》第三十八条所确定的国际法渊源,但国际法本身并非静态的规则,而是持续的演进过程。随着国际法的纵深发展,不仅法律的真空地带有所填补,而且国际法的根本规则、原则和进程都有革新之势。对国际法渊源进行重新解读,对标准在国际法渊源中的地位进行深入剖析,更能有助于理解当前全球化实践中的国际立法及其实施方式。

关于标准在国际法渊源的地位,大致有三种不同的主张:①标准不属于国际法渊源;②标准作为国际法渊源的新类型;③标准并非国际法的新渊源,但可作为立法的表现形式。

由于国际法拘束力、国际法渊源的概念乃至二者之间的关系,仍有许多理论分歧需要进一步澄清,因此本节从国际法渊源与国际法拘束力的关系、标准对国际法渊源的拓展、标准与联合国大会决议在国际法渊源中地位的比较这三个方面,挖掘标准在国际法渊源中的地位。①

①周鲠生,陈一周.国际法[M].北京:商务印书馆,2018.

一、国际法渊源与国际法拘束力的关系

（一）国际法拘束力的发展趋势

1.国际法拘束力的理论探源

（1）自然法学派

自然法学说一般认为国际法的拘束力来源于"自然理性"，也称"法律良知""正义观念"或"最高规范"。这一学说将航海自由、人类和平、国家独立、平等、自保等权利，都归于一种永恒的自然权利。自然法的理念源自希腊，特别是公元前3世纪斯多亚学派的哲学。自然法被视为神权的、宗教的，或者作为"信念"。它从抽象的概念出发，显然使法律规范和伦理道德有所混同，且其内容多为"法律拟制"，难在实践水平上加以检验。

自然法的精确定义在不同的历史时期发生了诸多变化，这些变化证明法律、社会、宗教或政治等因素对自然法产生不同的逻辑影响。那么，对于某种原则是否属于自然法，应当根据什么来判断？由于自然法规则难以描述，寻找自然法规则显然难以实现，相反，通过考察规则的实质，可以发现具备自然法属性的规则对国际法的整体和具体体制都有不可替代的功用。例如，国家在法律面前平等、条约必须信守、诚实信用等。可见，自然法的理念主要通过实在法表现出来。自然法抽象、模糊的本质，导致难以完全依赖自然法路径对国际法拘束力问题作出一致的解释。

（2）实在法学派

盛行于19世纪的实在法学说及其新的流派，一般认为国际法的拘束力产生于各国在习惯国际法或国际条约中所表现出来的"共同意志"。不同于自然法根植于道德和哲学观念，实在法学说从国际法中剔除主观、道德的元素，将国家的意愿视为决定性的因素，使之符合国家权力的现实需要。

实在法学说有助于描述法律的实然状态。国家实践本身虽然因具体个案不同，难有理论支撑。但是，法官或仲裁员可以通过裁定某

个特别决议是来自先例证明之规则的方式,使国家实践发挥先例价值。因此,类似的国家实践为法的确立提供了客观基础,至少揭示了过去的实践"被接受为法"。相较而言,由于条约本身即可作为法律的证明,故条约在理论上无须此种客观确认。然而,一旦条约的解释存有疑义,它也同样依赖成员国的实践作为证据。所以,先例的累积扮演了客观证据的角色。

不过,实在法观念对于解释和预测国际法拘束力的未来发展存在瓶颈。首先,国际条约是前瞻性的,而习惯国际法是以前存在的。习惯国际法倘若纯粹依赖实在法之路径,那么习惯国际法这一最古老的法律形式根本不会存在。其次,国际常设法院将一般法律原则作为断案依据之一,也颠覆了实证主义的部分主张。再次,自然法作为从自然、理性、公正观念等引申出来的规则和原则,其所包含的公正元素可解释、巩固或挑战实在法的要求。正如对待有争议问题的判决只能通过推理过程获得,而推理除了需要给定的实证资料外,还需要有限度地考虑正义和平衡。即使是在解释条约的过程中,这种考量也不可或缺。最后,虽然实在法学派有所修正,但是,对于实在法的局部修正未必奏效。例如一些学者主张"国家实践"的范围理应拓宽,其他法律证据包括政府文件、官方声明等也可以作为国家条约、习惯国际法等传统国际法渊源的补充。然而,从微观上讲,全球化的世界,仅仅聚焦于"国家"之狭窄路径,难以识别新法规的涌现。从宏观而言,人类社会本质上是动态的,处在不间断地发展变化之中。静态的实在法规则不可能忠实、准确、全面地反映动态的自然法,就像一张静态的照片不可能忠实地反映动态生活一样。从这一角度看,规则的存在本身就是规则先天不足的表现,而所谓的"发展"和"改革"也只是对缺陷和不足被动和笨拙地弥补,就像胶片电影把一张张静态的照片连结起来以尽可能临摹、模拟动态的现实社会,就在两张照片的连接处,人们便可以对规则静态的先天不足有深切体会。从这一角度而言,实在法类似于19世纪与之同源的科学唯物主义,二者虽然都引领了社会的持续进步,但也有太过粗糙和强硬的一面。迄今,实在法学派虽然更为"开明",但要克服上述种种困难,唯一的途径是兼采自然法与实在法的路径,以期实现二者之间的平衡。

(3)中间道路:初级规则与次级规则

对待国际法的拘束力,分析法学派兼采自然法学和实证法学的中间道路。法律是初级规则和次级规则的结合。初级规则设定义务,要求人们从事或不从事某种行为而不管他们愿意与否;次级规则授予权力,它辅助或依附初级规则。根据次级规则,人们可以引入、修改和取消旧的初级规则,或确定初级规则的范围或控制其实施。

分析法学派认为,条约的拘束力源于"条约必须信守"早已成为国际法的基本原则。按照H.L.A.哈特的论述,这些已经存在的规则:①是任何社会都存在的;②是被普遍接受的;③是对承诺协议或条约中的言辞的拘束力加以规定,并指明自我拘束操作程序的规则;④不管当事者甘愿与否,对有意地利用这些程序的个人和国家都具有拘束力。可见,在自我施加的义务背后,还存在一些共同规则,这些规制不以同意为基础,却使自我施加的义务具有普遍拘束力。很显然,这种在条约之前就已存在,被社会普遍接受的共同规则,实为哈特认为的最低限度内容的自然法。它们既是人类社会必须遵循的道德准则,也是所有社会法律的共同因素;它们既是国内法效力的来源,也是国际法拘束力的来源。哈特在坚持法律实证主义立场的同时,也在向自然法学说靠拢。这种融合既克服了自然法学的模糊渺茫,又不会像实证主义那样固步自封。

万变不离其宗。对于自然法学和实在法学交互影响、推进乃至融合的观点,在后续的综合法学、多元论法学中均有所体现。例如,综合法学的代表人物博登海默认为法律是秩序和正义的综合体:一个法律制度若要恰当地完成其职能,就不仅要力求实现正义,而且要致力于创造秩序。正义是自然法学派对法律本质的高度概括,而秩序则适合了分析实证主义法学的规范、行为概念。对于技术性成分较重的法律渊源,他首先区分了法律与法律渊源的区别,承认法律有正式渊源和非正式渊源,正式渊源主要包括宪法、基本法律、性质法规等,非正式渊源主要包括法理学说、公平正义观念、道德信念、社会普遍承认的价值等。博登海默的这种法源论与分析实证主义只承认国家主义的法源论有很大区别。它实际上承认了自然法观念和社会法学派的"活法"成分,体现其在这个问题上的综合特色。此外,乔根森(Jorgenson)接受多元的法源论,即关注地方、区域、国际乃至混合层面的互动,为多重行为者提供了空间。它认为法的渊源应该包括国家立法、习惯法、法院实践、法学著作、国际会议决议、标准的商业实践等。

总之,尽管自然法和实在法关于国际法拘束力来源的理论常常相互排斥,在发展的目标上却又重新聚合在一起。自然法需要通过实在法体现,自然法成为评判实在法的尺度。在这种充满对立和互补的关系中,国际法拘束力的理论需要具有很强的包容性,如果其能吸收自然法学等流派的价值和原则,同时关照现实,就能建立起理想与现实相统一的理论。

2. 国际法拘束力的动态发展

国际法拘束力的关注焦点历经了"国际法是否具有拘束力"到"国际法拘束力的实质内容"的转变。国际法为何由具有拘束力的规则构成?对此,有必要结合上述国际法拘束力来源的理论,分别探究国际法拘束力的否定论、狭义论和广义论三种不同主张,从而揭示国际法拘束力的总体发展趋势。

第一,从国际法拘束力否定论的观点来看,国际法缺乏强制执行力,更类似于一系列规则的指南。例如,19世纪约翰·奥斯汀(John Austin)将法律视为上位者对下位者的命令。由于国际法缺乏中心的立法权威、执法权威,并且国家行为大多以自利为导向,因此国际法仅仅作为指南,而并无拘束力性质。这种趋势在当今全球化的体制中似乎更易获得认同。然而,这些质疑也不能轻易忽略。鉴于国际法总体体系和某些特殊体制的变化,有必要在深思熟虑之后加以回应。正如菲德罗斯所言,根本上,此类观点的出发点在于:一个社会的秩序,只能通过加在这个社会各成员之上的支配力来实现。但是,国际法与国内法规则来源于不同的、尽管相互关联的渊源。一个社会不仅可以通过一个中央权力而产生,而且也可以通过各个法律团体在共同的法律确信基础上的协作而产生。否定国际法拘束力的观点显然忽视了国际法规则实际产生的过程和程序,法的概念被局限在了国家内部的法律制度上。实际上,国际法与国内法的区别只是在于国际法缺乏中央强制手段,在没有国家善意履行的情况下,国际法的拘束力相比国内法较弱。

第二,从严苛的实在法角度来看,国际法拘束力以"国家同意"作为唯一来源。"国家同意"之观点与主权的概念相关。倘若视"主权"的地位高于国际体系,那么,可以说除了国家同意之前,没有更高级的规则可以正当地适用主权。因此,"国家同意"成为构成条约和习惯国际法的重要因素。此外,主权平等、不干预政策等也可以说是基于此观念。

但是,如前所述,主权的概念不再或不应该有上述影响,需寻求其他可替代的基础。总体而言,国际法拘束力的来源包括:①国际法主体的同意;②确信有关规则反映了正义、公平、平等等法律原则。二者相互影响,难以割裂。因为,尽管国际条约经由国家同意产生,倘若其内容没有反映正义、平等、公平等原则,也难以长时间存续。同样,倘若国际法秩序的构建仅仅有正义、平等、公平等原则,却难有国际法主体的支持也照样不可行。因此,国际法的这两种基础之间需要实现平衡。目前,国际法有一系列机制获得同意、支持同意或者确保规则符合正义、平等、公平等原则。例如,条约的保留、对习惯国际法的反对、条约的审查和修改、强行法的产生以及无拘束力规则的国际组织的决议和宣言等。

第三,全球化时代,国际法拘束力的概念甚至有进一步扩张解释的趋向,拘泥于传统的国际法拘束力的概念,似乎难以反映非国家行为者的现实影响。而且，国际法拘束力的发展并非是一次成型的，而是动态的演进过程。因此，更为精确的国际法拘束力理论，理应包括非国家行为者在国际立法机制以及实践中影响的评估。

（二）国际法渊源的类别性及与国际法拘束力的关系

对于国际法渊源与国际法拘束力的关系，有必要先对国际法渊源的概念之争予以澄清。"法律渊源"的概念具有多义性。例如詹宁斯指出法律渊源的四种含义：①历史意义的渊源；②作为识别法律规则的标准的技术意义的渊源；③法律的可接受的和被承认的有形证据；④制定、改变和发展法律的方法和程序。

一般说来，国际法渊源有狭义和广义之分。

狭义上的或严格意义上的国际法渊源是指新规则如何创设，以及现存法律如何废除。这种界定更加注重国际法规则的外在形式，将国际法渊源的范围限定为有拘束力的国际法规则。依此观点，国际法渊源的内涵是将国际法的起因、依据、证据或形成过程等相互关联的概念排除在外的。具体而言，这些概念之间有如下区别："渊源"与"起因"不同，"渊源"是法律问题，而"起因"是事实问题，国际法的起因是指促使国际法产生和发展的政治、经济、文化等因素；"渊源"与"根据"也并非一回事，国际法的根据是国际法的效力依据，即国家间的协议；"渊源"也不能与"证据"相等同，国际法的证据是指证明国际法原则、规则和规章、制度的具体表现，而国际法渊源则说明一些原则、规则和规章、制度作为国际法原则、规则和规章、制度的存在；"渊源"也不是"形成过程"，国际法的形成过程是指国际法原则、规则和规章、制度产生和发展的过程。因此，严格意义上的国际法渊源必须是具备拘束力的国际法规，例如国际条约、国际习惯都属于此类，从而也排除了促进国际法规则发展的政治、经济、文化等起因或形成过程。

广义上，"法律渊源"不仅为有拘束力的法律规则本身，而且还包括上述法律规则的历史、伦理、社会等基础。诸多国际法规范在形成国际拘束力的法律之前，往往曾在某种学说、法院判决、国际或国内文件中出现过,这些都属于国际法渊源范畴。

相较而言,严格意义上的国际法渊源属于静态的形式意义上的渊源,更注重作为结果存在的法的形态,即静态观念上的法的存在形式。相反,广义上的国际法渊源着眼于国际法渊源的历史意义,或者说国际法的原始出处,认为国际法规则的形成不是一次性的,更侧重于动态的、实质意义的渊源。即着眼于产生法的行为(法订立行为或者立法者)的能动性概念。

与严格意义的国际法渊源相比,广义上的国际法渊源具有辅助性,效力不能与前者等同。但是,如前所述,国际法拘束力本身也是呈现动态发展趋势的。因此,从广义或者说动态的角度考察国际法渊源,对于揭示国际法发展的规律,了解国际法的特殊性,特别是在国际社会尚无统一法典的情况下,对如何更准确地认定及适用国际法来说,都有理论和实践上的需要。

因此,国际法渊源与国际法拘束力密切相关。但是,国际法渊源的不同类别与国际法拘束力之间呈现不同的关系。严格意义上的国际法渊源必须是有国际法拘束力的规则。广义上的国际法渊源则进一步包含了影响国际法拘束力规则的动态过程或法外事实。

二、标准对国际法渊源的拓展

(一)标准可来源于《国际法院规约》第三十八条规定的国际法渊源

作为国际争端解决的法律依据,《国际法院规约》第三十八条历来被视为是国际法渊源最权威的表述和列举。该条第一款规定,法院对于陈诉各项争端,应依国际法裁判之,裁判时应适用:(子)不论普遍或特别国际协约,确立诉讼当事国明白承认之规条者;(丑)国际习惯,作为通例之证明而经接受为法律者;(寅)一般法律原则为文明各国所承认者;(卯)在第五十九条规定之下,司法判例及各国权威最高之公法学家学说,作为确定法律原则之辅助资料者。

国际法院并非是适用国际法的唯一司法机关,《国际法院规约》第三十八条也只是规定"裁判时应适用……(shall apply)"而并未直接提及"国际法渊源"这个概念。因此,将第三十八条作为判定国际法渊源的权威主要通过推理得出。首先,依据《联合国宪章》第九十二条规定,《国际法院规约》是《联合国宪章》不可或缺的部分,从而使《国际法院规约》对联合国的成员国具备普适性;其次,基于《联合国宪章》第七条规定,国际法院属于联合国的六大常设机构之一,而且是第九十二条规定的主要的司法裁断机关,故该机关适用的法律对几乎世界上所有国家都有拘束力;最后,《国际法院规约》第三十八条作为国际法院的审判依据,该渊源的重要性,在荷花号案等案件中被反复重申。以此为准据,国际法的传统渊源主要包括《国际法院规约》第三十八条规定的国际条约、习惯国际法、一般法律原则等,同时司法判例及各国权威最高之公法学家学说作为确定法律原则之补助资料。故此,探寻标准与国际法渊源的关系,主要是探讨标准与国际条约、习惯国际法或一般法律原则的关系。

如前所述,标准可以通过法律导向、委员会导向或市场导向等一系列不同的方式产生。其中,法律导向和委员会导向的标准可以由国际条约制定,或者获得国际条约的承认,或者作为国际条约的参照。此外,市场导向的标准虽然主要由私人机构制定,但其可以经由国家的承认和适用,而构成国家实践的一部分,因此,标准可以通过习惯国际法的方式产生。可见,标准可来源于《国际法院规约》第三十八条规定的国际法渊源。

(二)标准可构成《国际法院规约》第三十八条规定之外的国际法渊源

标准不仅仅依靠国际条约等传统国际法渊源发展而来,而且,由于标准在实践中的规范性影响,标准能否属于《国际法院规约》第三十八条规定的国际法渊源? 如果不是,标准是否有可能构成《国际法院规约》第三十八条规定之外的国际法渊源?

首先,国际条约主要通过国家间协商一致产生,而部分标准的创设主体则主要包括了非国家行为者的参与。因此,此类标准可以用来澄清和发展条约,促进条约的实施,却不足以构成国际条约本身。其次,对于习惯国际法,其以反复一致的国家惯行和内心确信为构成要件。具体而言,只有标准清晰地描述了规则性内容,且"勾勒"了国家将来的行为,才有可能构成国家惯行。同样,由于某些标准更多时候体现为非国家行为者的惯行。即便某些标准符合上述要求,并非所有的标准都满足此条件。那么,标准是否满足内心确信的要求呢?作为主观性因素,内心确信主要通过国家实践反映。相较而言,标准似乎更易被视作内心确信的证据。而且,即便标准符合内心确信的要求,其亦需有明确的规范国家的规则性内容。故总体上而言,标准可适用于证明习惯国际法及其内容的存在。再次,标准是否构成了一般法律原则?由于一般法律原则主要是文明各国所公认的原则,同样难以解释被非国家行为者公认,但尚未被国家公认的标准。况且,标准也并非依据《国际法院规约》第三十八条来进行适用。可见,根据条约的文义解释规则,标准显然不在《国际法院规约》第三十八条表述的国际法渊源之列。依照目的解释,严格意义上的国际法渊源(特别是国际条约、国际习惯),是以主权国家的共同同意(或意志协调)为拘束力来源,离不开国家作为立法权威这一前提。非国家行为者(例如私人机构)自主创设的标准,即便在实践中广为接受,也不足以符合"国家"的同意,难以满足作为国际法渊源的充足要件。因此,尽管标准与上述国际法渊源有所关联,但是其并非处在上述国际法渊源之列。

那么,标准能否属于《国际法院规约》第三十八条规定之外的国际法渊源?对此,首先需考察国际法渊源的上述界定与范围是否穷尽或者恒久不变。进而言之,需要判断《国际法院规约》第三十八条作为国际法渊源的传统准据是否或能否发生变化。需仔细甄别以下内容。

第一,《国际法院规约》第三十八条本身的内部结构混乱,定位存在悖论;第二,即便《国际法院规约》第三十八条结构和定位不构成障碍,作为开放性的框架,该条仅仅涉及了何为国际法渊源的抽象观点,也并未排除其他类型国际法渊源的存在;第三,追根溯源,《国际法院规约》第三十八条作为国际法渊源的依据,乃是基于上述推理的结果。这种推理,本质上是基于"国际实践"所作的推理。因此,传统的国际法渊源是否具备生命力或生长空间,归根结底,断定依据在于"国际实践"。随着当代国际实践的发展,根据《国际法院规约》第三十八条的列举从法律功能上是否仍然充分、有效,来判断国际法渊源是否发生变化。

从当今国际实践的需求来看,对国际法渊源的狭窄界定,已产生一些负面影响。

一方面,传统的国际法渊源界分,并未涵盖整个立法现象。究其原因,《国际法院规约》第三十八条的规定过于"古老",难以跟上国际社会日新月异的变化节奏:其内容自1920年问世以来从未发生根本性的变化,而自1945年起,国际社会已涌现一百多个新独立国家。新独立国家的兴起,国际组织的扩增,国际经济秩序的变动,科学技术的突飞猛进,这些特征对国际法的发展都发生重大影响。理论上而言,国际立法主要依赖实证法路径,即主要通过条约的方式立法。但是在很多情形下,国家并不希望受到条约的拘束力束缚,导致国际立法的发展朝多样性转向。因此,倘若仅仅适用实证法路径,只能解释国家进程中的部分现象。

另一方面,相对而言,尽管国际机构的发展与时俱进地跟上了全球化的步伐,国际立法却依旧长期滞后。作为主要的国际立法方式,条约存在立法权威受限、拘束力只针对缔约国、文本僵化、难以修订等不足;习惯国际法则界定困难,导致法院在适用过程中易对国际实践和内心确信产生误读。习惯国际法不但同样修改困难,即便某些习惯规则发生改变,对该改变做准确评估也是困难重重:由于应然与实然规则的界限模糊,这种改变究竟是对旧有习惯国际法的违反,抑或对新习惯国际法的创设难有定论,从而也就存在许多灰色区域。这种滞后致使国际法在深度、广度、速度上均面临着全球治理失效的危机,这势必会妨碍其在国际社会中发挥其有效功能。

相反,国际法渊源范围的拓宽,显然更符合国际法的发展轨迹。因为国际法并非静态的规则,而是持续的演进过程,而且,此种演进不仅限于法律的真空地带,还包括国际法的根本规则、原则和进程。这种进化方式表明国际立法不仅符合实证主义,是基于正式的国际法渊源,即"渊源导向"的立法。实践中,正如法律进程学派的观点,国际立法同时也充满"过程导向"的特质。概言之,国际立法既体现为"渊源导向",同时也存在对(传统)"渊源导向"立法的突破和修正。

同时,由于国家是国际法最重要也是最基本的主体,故上述国际实践的需求,主要体现为国家的实践需求。一方面,作为国际法的创设者,国家通常无须过多关注现有法律渊源,只需关注哪些规则已经存在,哪些规则还有待制定,而并非旨在评估自身的权利和义务,因此有着"法律第一,渊源第二"的定位。但是另一方面,国家同时还需作为国际法的消费者,这注定其对国际法渊源需求强烈——其需要探寻哪里可以发现国际法? 国际法是什么? 倘若现有的渊源不足以解释当前国际关系中处理问题的方式,特别是当某些规则与现有的渊源不适应时,国家吁求新渊源、发展新理论以与实践中出现的新规则同步。

从国家的法律地位来看,国家作为首要的国际法主体,具有完全的权力能力和行为能力,因此也有能力引领国际法渊源的新发展以顺应国际法的动态变迁。可见,鉴于《国际法院规约》第三十八条的争议和模糊,结合国际社会当前的实践发展、国家意愿和国家能力,国际法渊源的架构理应发生变迁,国际法新渊源具备存在的必要性。

三、标准与联合国大会决议在国际法渊源中地位的比较

(一)联合国大会决议的法律拘束力争论

国际组织决议并非作为《国际法院规约》第三十八条所列举的正式的法律渊源。但是自第二次世界大战结束后,国际组织迅速发展壮大,在国际事务中的地位和作用明显提升,某些国际组织决议在对于调整国家间关系、指导国际合作等方面作用显著。尤其是联合国在全

球重大事件中起到了瞩目作用,联合国大会作为联合国的主要机关,其决议常常成为国际公约的基础,一定程度上填补了国际规则的空白,使得关于联合国大会决议在国际法渊源中的确切地位的讨论日趋激烈。

不容否认,作为国际社会的全球论坛,联合国大会可以讨论与国际法相关的所有问题,成为成员国表达利益诉求的主要方式。尽管如此,一般而言,判断某一国际组织或其特定机构所制定或通过的决议性文件是否具有法律性质,应该首先考察该国际组织或该组织的特定机构是否具有立法权,而这种立法权限需查阅国际组织所依据设立的宪章性文件。鉴于《联合国宪章》作为联合国的基本文件,是联合国开展活动的法律依据,因此是探究联合国大会决议效力的法律基础或起点。从字面上看,《联合国宪章》对联合国大会的权限规定主要是"讨论"和"建议",并非意在使其具有法律拘束力。然而实践中,国家越来越多地在单边、多边场合或者国际机构使用联合国大会决议,在某些情况下,联合国大会决议甚至取代了国际条约和习惯国际法。由此也引发学界对联合国大会决议效力的三种不同解读:①联合国大会不具有立法权,但其决议对国际法的发展具有愈发重要的影响;②联合国大会决议反映成国际实践;③联合国大会决议成为新的法律创设方式。那么,联合国大会决议是否具有法律拘束力,从而发展成严格意义上的国际法渊源?对此,有必要先对联合国大会决议的不同类型分别加以探究。

实际上,联合国大会决议有多种名称或表现形式,法律效果也千差万别。细究起来,其主要分为"决定"(decisions)、"建议"(recommendations)和"宣言"(declarations)三种。

"决定"主要涉及组织问题和财政问题。按照《联合国宪章》第十七条规定,联合国大会作出关于预算及财政事项的决定。会员国不遵守预算决定最终能引起暂时中止会员国或被取消会员国资格。同时,《联合国宪章》第二条第五款规定,各会员国对于联合国依本宪章规定而采取的行动,应尽力予以协助,联合国对于在任何国家正在采取防止或执行行动时,各会员国对该国不得给予协助。此外,"决定"的内容还包括建立辅助机构(《联合国宪章》第七、十九、二十二和六十八条)、选举机构的成员(《联合国宪章》第二十三、六十一和八十六条)、议事规则(《联合国宪章》第二十一条)等。

"决定"具有法律拘束力。但是,此种拘束力只针对联合国内部和会员国,以保障联合国内部职能有序且有效地运行为限(故此类"决定"通常也被称为"内部决议")。虽然"内部决议"也可以产生一定的外部性效果,但是对国际法的发展并无过多贡献。

"建议"是联合国大会为参与国际事务的管理而制定的扩展到组织本身职能之外的决议(也被称为"外部决议")。如《联合国宪章》规定,大会应讨论本宪章范围内的任何问题或事项,或关于本宪章所规定任何机关的职权;并排除第十二条所规定外,得向联合国会员国或安理会或兼向两者,提出对该问题第十条规定事项之建议。

"建议"对于联合国机构及其成员国之外的国际法主体也有影响力。然而,即便联合国大会决议对任何一个细节都经过了长期的讨论,决议文本的起草可以与复杂的条约谈判相匹敌,"建议"本质上也并无法律拘束力。"建议"与具有法律拘束力的决议之间的区别,在于前者是一种愿望或期待,而后者则意味着产生法律义务。当然,正如国际法院在"国家在战争或武装冲突中使用核武器的合法性问题"的咨询意见中所认为的:联合国大会决议即便没有拘束力,在某些情况下也具有规范性价值。因为联合国大会决议可提供规则存在的证据或对"心理确信"加以证明。对此的检验,有必要查看决议的内容以及通过的情势或条件。同时,对于其规范性特征,也有必要考察"内心确信"是否存在。

可见,"建议"并非新的立法方式,但是条款中也并未否认其可被用作国家实践的根据,从而推动习惯国际法的发展。

《联合国宪章》第四章虽未对"宣言"做出明确规定,但建立在实践基础上的"宣言",却也是联合国大会(外部)决议的一种。"宣言"与"建议"不同,其法律效力也存在争论,二者不能一概而论。联合国大会已经用"宣言"名称通过了许多决议,这类常常以全体一致的投票或全体同意的方式通过的"宣言",往往确认、阐明乃至发展了国际法原则。其他决议虽未冠以宣言的标题,但已经确认了国际法的原则。在国际法中经常存在着关于某个国际法规范是否存在的争论,国家对联合国大会决议的表决就意味着对涉及具体情形的现行原则和规范的认可。

既然不同的"宣言"的法律效力不一,那么,到底如何断定某个"宣言"是否被视为有效国际法?答案是在联合国大会决议意图明确的情况下,也可具有法律拘束力。

当然,也有学者对此加以质疑:承认部分联合国大会决议的法律拘束力,恐将对现有法律秩序的稳定性产生不利影响,特别是当联合国大会决议意在设立法律规则,但既不经过正式的条约制定程序,也未形成普遍的实践,极可能产生法律不确定性。这种不确定性尤其表现在联合国大会决议的语言可能具有模糊性。即便联合国大会决议旨在表达法律义务,会员国是否事实上有此意图?会员国到底是基于政治理由投票,还是由于反对失效?当投票代表欠缺代表政府法律意愿的权威,此类投票是否有决定性作用?倘若会员国无意将联合国大会决议看成法律的意图,也难以视其为法规。当国家实践微不足道或未穷尽,内心确信是否足够?能否构成即时习惯法?若所有国家同意其为法律,有无充分理由否定决议的效力?即便在决议或相关委员会程序中,澄清决议作为宪章义务或习惯法,成员国也可以对此提出保留或加以反对。况且,国家在批准大会决议前后的实践也可能变化。

上述担忧和质疑,归根结底绕不开两方面因素的影响:一方面,联合国作为国际组织,具有国际法律人格,固然对国际法的发展有重要影响;另一方面,国际组织的权利能力是有限的,是成员国赋予的,这必然也限制了国际组织对国际法的影响力。因此,考察联合国大会决议的法律效力,有必要探求决议的意图,为此,需对联合国大会决议的法律文本、谈判历史、投票情况以及通过决议时的其他情势等因素加以综合考量。

进一步而言,某些具有法律拘束力的决议究竟是构成自成一类的渊源,还是作为习惯法或一般法律原则的证据性渊源?实际上,联合国国际法委员会早在2000年伦敦会议就对联合国大会决议与习惯国际法的关系加以澄清。该委员会确认:联合国大会决议在某些情况下可以构成习惯国际法存在的证据,有助于固化正在产生的习惯法,或者对新习惯法的形成作出贡献,但它本身并不能构成新习惯法规则。但联合国大会决议明示或者默示地宣称某一习惯规则的存在,这就构成了该规则存在的不可辩驳的证据。联合国大会决议能够构成新习惯法具有历史意义(实质的)渊源。在适当的情况下,它本身就能构成新习惯国际法规则形成进程的一部分。全体一致或者几乎全体一致接受的决议,而且支持者们的明显意图就是要制定一项国际法规则,作为特别的例外,各国采纳决议的事实本身就能创立普遍的习惯法。在缺乏全体一致的情况下:①没能包括所有各国的代表团就将阻止普遍习惯国际法规则的创立;②即使包括了所有代表团,个别不同意的国家也享有持续反对者原则所带来的利益。适用于联大决议的原则也同样适用于具有普遍性的其他国际会议决议。

综上,联合国大会决议不具有正式的法律拘束力,并非作为《国际法院规约》第三十八条所列举的严格意义上的法律渊源,但是,某些联合国大会决议可以构成新的习惯法规则,至少可以作为一种证据性渊源而发挥重要作用。

(二)标准与联合国大会决议都可构成广义上的国际法渊源

标准与联合国大会决议具有千丝万缕的联系。从法律效力上看,目前大部分国际组织决议都属于"软法",其与国际会议的文件、国际机构确定的标准和准则等一样,严格意义上,并不具有法律拘束力。软法文件与司法判例或公法学说一起,共同构成了说明现有国际法规则或产生新的国际法规则的重要证据,它是国际法渊源的辅助材料。

标准与联合国大会决议在国际法渊源中的地位都具有双重性。这是因为二者都分别具有不同的类别。对于标准而言，基于公私混合模式所产生的标准中，获得官方承认的"自愿性最佳实践标准"可以作为国际法渊源的新类型，而市场导向的标准则至少可以构成广义上的国际法渊源；对于联合国大会决议而言，其中某些以"宣言"发布的决议重申了国际法原则，可以作为国际法渊源的新类型，而某些决议仅具有"建议"性质，属于广义上的国际法渊源。

二者的相似地位，部分源于诸多标准是通过国际组织决议的方式产生，甚至从联合国大会决议中发展而来的。联合国专门机构，如国际民航组织、世界卫生组织和世界气象组织，均有权通过决议的方式制定和推动标准的发展。

虽然标准与联合国大会决议都具有重要的法律影响，但是二者存在诸多不同之处，如表4-1所示。

表4-1　联合国大会决议与标准的异同

异同		联合国大会决议	标准
相同点	法律效力	（相对）软法	（相对）软法
	类型	双重性	双重性
	关联性	/	有些标准从决议中产生
不同点	主要领域	政治性	技术性
	主体	联合国	国家、非国家行为者
	产生方式	（成员国投票）自上而下创设	自下而上创设 自上而下推动 混合模式

首先，联合国大会决议是主权国家据以表达本国意愿的政府间组织的工作成果。从内容上看，主要是政治性决议，而且决议中有许多模糊的、不精确的措辞。相反，如前所述，标准则主要是集中于技术性领域的事项，其内容相对更明确、更具体。其次，从产生方式上，联合国大会决议主要通过联合国的会员国协商投票产生，鲜有技术专家等非国家行为者参与决策。恰恰相反，某些标准旨在为私人当事方使

用。而且,标准具有独特的进化轨迹,即主要通过(技术专家参与)自下而上的方式创设,并经由自上而下的权威推动实施,带动标准成为全球最佳实践规则或者国际性技术性法规。这些特质都是联合国大会决议所不具备的。

标准与联合国大会决议具有诸多联系,二者都至少可以构成广义上的国际法渊源。但是,相较于联合国大会决议则主要通过成员国协商制定,标准还可以通过多元的主体制定和推动实施,这种创设方式一定程度上提升了私人标准创设主体的地位,更有助于推动国际法创设主体的扩张。

第二节 国际法增进标准的整合功能和公正价值

一、国际法的整合功能

21世纪初,国际法开始大幅度的整合性发展。一方面,传统的国际法渊源相互融合;另一方面,通过国际组织或在其框架下的相互合意的意思表示、约定、共识,它们还不具备严格的法律形式或者规范属性。

事实上,菲利普·C.杰赛普(Philip C. Jessup)早年即已提出"跨国法"(transnational law)的概念。在其看来,"跨国法"指包括规制跨越国家边境的行为和事项在内的所有法律,亦即国际公法和国际私法。"跨国法"的视角模糊了国际法与国内法的界限,承认了国内与国际法律事项具有互动性,突破了国内的管辖限制。当今,随着全球化进程的深化、全球问题以及国际社会新兴力量的崛起,减少"交易成本"、共担责任、增强稳定性等因素的治理方式呼之欲出。

此时,不仅单纯的"国际"或"国内"标签已不适应体制的现实需求,非国家行为者也自动参与到规制体系中。这种转向使"跨国法"的概念注入了新的含义，也进一步填补了国际法与国内法之间的"缝隙"。

这种"缝隙"的填补，首先表现在国家之间的合作，20世纪后半叶，推动合作的国际法运动令人瞩目。各国开始认识到共同利益以及各自的利益所要求的不仅仅是禁止单个国家的行为。国际组织的诞生与发展，大大推进了国家在技术、社会和文化上的合作。第二次世界大战之后，对国家间合作的吁求不仅导致了主要旨在维持国际和平与安全的联合国的产生，而且还催生了越来越多的专门机构，以促进各个领域的国际合作。例如，教育（联合国教科文组织）、粮食（联合国粮农组织）、健康（世界卫生组织）等方面的合作；新的法律还包括促进贸易、航空、船舶运输、通信、原子能等方面的合作协议；在美洲，特别是在欧共体这样的区域集团中诞生了旨在更广泛合作的国际组织。

其次表现在随着国际组织的纵深发展与国际社会呈现组织化趋势，对于国际法规则的协调需求日益增加。因为各种国际法规范是在国家同意的基础上，通过双边或多边的场合，以国际会议或国际组织的形式分散而独立地形成的，因此在缺乏协调的情况下，难免发生彼此之间的重叠和冲突。特别是在国际社会缺乏集中的立法机关统一制定法律的情况下，国际规则的相互协调促进了国际法创制的有序和有效。那么，究竟如何实现法律协调呢？大体上，法律协调包括消极协调和积极协调两种类型。消极协调主要限于一个或以上国际组织。例如，国际贸易领域的消极协调，主要通过消减关税壁垒等边境限制来实现贸易自由。然而，此类边境贸易限制的初衷在于抵御外来经济对本国产业的冲击。因此，仅仅通过消极协调来增进贸易的自由化，可能导致社会经济安全更为复杂。相较而言，积极协调主要通过多种国际组织各自领域的政策性协调，以实现最大效益之目的。积极协调的重要使命是确保术语、数据、报告等使用的统一化。它可能催生新的活动,填补各个不同组织运作的空隙,或导致某些活动的缩减。①

国际层面的法律协调可由国际组织的宪章加以规定,或者通过国际组织之间的协议规定,特别是在具备普遍特质的国际组织之间,通过协议促进法律协调最为普遍。然而,通常在不具备法律条款,甚至在无任何法律义务生效的情形下,通过非正式的国际社会市民合作也可以实现协调。国际组织之间的法律协调通过以某个国际组织的法律为范本的方式进行。当然,倘若某个国际组织特殊情形下制定的特殊法规被其他国际组织当成范本遵守,则可能有潜在风险。此外,除了国际组织之间的合作、国际组织在国际立法层面的协调外,对于此类国际规则的实施也有进一步协调的必要。对此,国际组织还发布了国家实施的指南以增进相关国际条约的适用。总之,国际法的相互协调贯穿了国际法的创设、修改和形成等整个过程,尤其通过国际组织与超国家组织的立法、国际条约、国家实施指南等方式进行。

最后表现在国际规则之间协调并非国际法发展的最高样态,国际法的发展还有实现整合的内在需求。因为,国际规则的相互协调好比浮于表面的技术措施,或者说仅仅实现了国际法的外部整合。实质上,国际法的创制过程是对法律所承认和保护的各种利益进行协调和平衡的过程。在这个过程中,创制国际法的主体必须确定什么样的利益应当被视为是值得保护的利益,对利益予以保障的范围和限度应该是什么,以及对于各种主张和要求又应该服从何种相应的等级和秩序。故此,对法益的协调有助于最终实现"共同利益",在此驱使下,渐进地推动国际法的内部整合。事实上,从国际合作到法律协调再到法律整合是不断向上发展的阶段:国际合作是基本原则,法律协调是基本要求,法律整合是发展目标,是法律协调的高级表现形式和发展结果。如图4-1所示。

---

① 蒋小杰,杨镇宇.全球治理秩序的证成逻辑探析[J].昆明:云南民族大学学报(哲学社会科学版),2020,37(03):30-40.

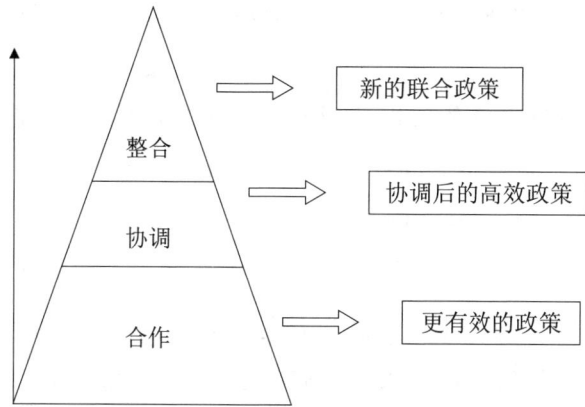

图4-1　整合的政策制定,政策的协调与合作

二、国际法的公正价值

国际法的公正价值在于通过设定国际法主体的权利义务框架,保障全人类共同利益。将国际法仅仅视为工具的看法,很大程度上是因其将政治或经济价值视为国际法的价值。如此一来,国际法本身并非目的,只有政治与经济利益才是目的,这样国际法就沦为了纯粹实现政治经济价值与利益之工具,且仅仅是工具之一。

正如约翰·罗尔斯所言,正义是社会制度的首要价值,正如真理是思想体系的首要价值一样。一种理论,无论它多么精致和简洁,只要它不真实,就必须加以拒绝或修正;同样,某些法律和制度,不管它们如何有效率和有条理,只要它们不正义,就必须加以改造或废除。

在国际法的发展中,我们也看到,社会道德的动机也一起参与并发挥作用。事实上,自中世纪中后期以来,国际法之所以能够历数百年而不倒,始终屹立于国际社会之中,不仅是因为国际法已经成为现代生活的准则,还因为国际法有强大的道德感召力。通过国际法实现国际公平正义的理想和追求,永远没有止息。

自二战伊始,公平、正义等原则在国际社会迅速发展。例如,多边条约的创设需符合国际社会的整体利益,以建立国际规则秩序,维持国际条约的稳定,以赢得成员国的广泛加入。国际法的公正价值在国际法基本原则、晚近倡导的国际强行法、"对一切"义务等规定中体现得尤为明显。

国际法的公正价值可以从国家主权平等原则、国际强行法和"对一切"义务与国际社会共同利益这三个方面来阐述。

(一)国家主权平等原则

作为现代国际法的基本原则体系的核心,国家主权平等原则在《联合国宪章》以及其他有关国际法原则的文件中均有所规定。1970年《国际法原则宣言》将主权平等的要素分为六项,其中特别强调各国均有义务尊重他国人格,均有权自由选择并发展其政治、社会、经济及文化制度。

国家主权平等原则以"公正"价值作为重心。因为,形式上的平等恰恰掩盖了实际上的不公正。众所周知,第二次世界大战以后,一批民族和国家摆脱殖民和外来统治而独立。但是,外国和殖民统治的残余痕迹等并未完全销声匿迹。技术进步带来的好处也并未惠及国际大家庭的所有成员。事实上,占世界人口大多数的发展中国家只享有世界收入的小部分。目前,联合国系统以及在联合国推动下发达国家对发展中国家的经济技术援助,例如,WTO给发展中国家的差别待遇,以及在公平基础上的南北对话与合作,均反映了国际社会改变旧的经济秩序,促进国际社会正义的愿望和要求,是国家主权平等原则在国际经济生活中的具体实践。凡此种种,通过给予发展中国家"不平等"的特殊待遇来纠正先前的不平等,实际上也为一种新的实质上的平等赢得了一席之地。

(二)国际强行法

国际强行法是指国际社会全体接受并公认为不许损抑且仅有以后具有同等性质之一般国际法规律始得更改之规律。一般认为,国际强行法理论萌芽于格劳秀斯的近代自然法学说,而强行法这一概念由奥地利国际法学者阿尔弗雷德·菲德罗斯(Alfred Verdross)于1937年首次明确提出。阿尔弗雷德·菲德罗斯认为,国际法规范包括强行的规范和柔性的规范两类。在每个法律秩序中，都有一些原则属于公共秩序，因而构成它的强行法。

作为国际公法概念的一部分，国际强行法的规定主要体现在1969年《维也纳条约法公约》第五十三条和第六十四条的规定中。其中，第五十三条第二句明确了"强行法"的定义，即国际社会全体接受并公认为不许损抑，且仅有以后具有同等性质之一般国际法规律始得更改之规律。另外，第五十三条第一句涉及条约与一般国际法的强制规则冲突问题，规定在缔结条约时，若与一般国际法强制规则冲突则该条约无效。第六十四条规定现存条约与正在兴起的国际法强制规则之间发生冲突的情况下，现有条约无效和终止。此外，1986年《关于国家和国际组织间或国际组织相互间条约法的维也纳公约》中也包含了同样的条款。同时，国际法院的许多判决也体现了对强制规范的支持，典型如"尼加拉瓜案"，该案中法官指明禁止使用武力是具有强行法特征的国际法规则。不过，由于《维也纳条约法公约》对国际强行法采取的是概括式定义，而且该公约对国际强行法的定义仅是就条约而言，导致国际强行法的精准界定仍存在很多困难。从目前国际法委员会所作的法律注释来看，"禁止侵略、种族灭绝、种族歧视、奴隶制度、反人类罪、实施酷刑和维护民族自决权等"被视作已得到国际社会明确接受和广泛承认的国际强行法规则。

《维也纳条约法公约》对国际强行法的规定极大地减损了国家自治和同意的原则。强行法概念的建立甚至不要求所有国家的同意，也不考虑任何孤立国家的反对；同理，认定某特定的规范具有强行法的性质不要求所有国家同意，也不允许任何孤立的国家反对。但是，作为国际强行法，某项规范必须获得各国普遍的承认，得到国际社会所有实质部分的承认。特别是，甚至坚持反对者也不能回避，因此，将某项规范认定为强行法实质上是建立在真正的、体系上的一致同意。此外，应该认识到，国际强行法概念的确立并非偶然之举。与国内法一样，国际法也需要若干基本原则，亦即"公共秩序"作为立足点。其实这些公共秩序在国际法中一直存在,只是表达得不够明确。自二战以来,经济发展和科技进步使得各国之间更紧密的往来变得必要和可能,并且,各国可通过普遍性的国际组织和国际会议来表达其见解,此时国际法的公共秩序也即国际强行法的表述便是水到渠成的事情了。

(三)"对一切"义务与国际社会共同利益

"对一切"义务的依据是人类基本道德和整体国际社会的共同利益。"对一切"义务的概念第一次正式出现于1970年国际法院巴塞罗那牵引公司案(Barcelona Traction Case)判决。该判决中指出"对一切"义务涉及的事项主要有与侵略、灭绝种族、奴隶制和种族歧视四种国际罪行相关的义务。此外,"对一切"义务还涉及法律地位尚不明确的事项,包括大规模污染海洋和大气环境、大气层核试验、深远的不可逆转的环境损害和严重的灾难性环境危险。

"对一切"义务与国际强行法规则都是为了维护人类社会的基本道德价值和国际社会的共同利益。例如,国际法委员会在《维也纳条约法公约》的编纂过程中所列举的有关国际强行法规则的事项(如侵略等),与国际法院在巴塞罗那牵引公司案判决中所列举的有关"对一切"义务的事项(如侵略等)大体一致,并且它们都要求国际社会的普遍承认。

但是,二者之间表现为从属关系。国际强行法规则引起表现为国家的权利和义务的国际法关系,这种权利义务关系中包括"对一切"义务,与"对一切"义务相应的是国家的有关权利,这种权利主要是国家对于国际社会共同利益所享有的权利。

总之,国际法基本原则、国际强行法以及"对一切"义务的规制范围和内容虽然不一,但是三者的共同之处在于,都把具有公正内涵的规则发展为较小范围内解决利益冲突的途径,通过对国家权利义务加以限制和限定,维护国际社会成员的共同价值和利益,实现全球秩序的公平公正。

三、国际法对标准的规制性整合和正当性影响

(一)国际法对标准的规制性整合

正如有机体不是通过原子粒子力的共同作用,而是通过整体的有"生命力"的构造而生存发展,标准的发展也亟须规制性整合,来强化其在全球治理中的作用。特别是标准之间的冲突,需要通过国际立法、法律解释等方式进行协调,达到相对整合的状态,克服标准在全球治理过程中精细化稍强、体系性不足的缺点。

第一,从立法层面而言,如前所述,相互承认制度有助于协调标准的适用过程。相互承认制度是国际和跨国关系中最重要的法律工具之一,作为法律选择,意指两个或以上的成员国相互接受他国的规则、标准或合格评定程序。

相互承认制度可以追溯到1979年欧洲法院Cassis De Dijon案。该案的裁决指出,在缺乏技术协调的情形下,在一个成员国合法生产和标注的产品,只要不违反公共健康、商业交易公平和消费者保护等强制性规定,就可以基于欧共体条约在欧共体境内自由流动。Cassis De Dijon案有助于化解欧盟成员国之间产品标准和规格法律方面的认同危机。这已经成为欧盟一个可操作的核心原则,不仅适用于货物方面,而且也适用于服务和专业规格方面。

WTO对相互承认制度加以继承,特别是SPS协定与TBT协定对相互承认制度的适用,使WTO建构了一个"活的"条约体制,将其他专门机构的后续一系列的标准制定行为涵盖在WTO框架中。相互承认制度作为一种积极协调的方式,可以产生下述两种影响。一种是立体维度的影响(即国际组织与成员方之间的影响),一种是平行维度的影响(即成员方之间的影响以及成员方与其他利益团体在国际法律秩序中的关系)。从立体维度而言,WTO规则对于其他专门标准机构的承认,激励了成员方遵守原本对其无拘束力的标准;从平行维度来看,相互承认使得成员方之间的贸易开放程度进一步加强,从而有助于开辟新的国际市场。

当然,纯粹的相互承认制度虽然有助于减少贸易限制,但其适用也有条件限制。首先,相互承认的价值取决于相互承认的内容。对于不兼容的标准,难以实现相互承认。此类不兼容的标准包括:①基于技术发展的新旧标准;②因为政治、文化、地域等因素,不同国家偏好等产生的不同标准。其次,相互承认制度对贸易福利的促进是有条件的,当涉及质量问题时,甚至可减损贸易。最后,相互承认还需要与其他制度配套实施,单纯的相互承认制度容易被质疑为发达国家对发展中国家的排挤。对于发展中国家而言,其可能缺乏"相互承认"的物质能力,来参与、掌控本国的自由化进程,可能缺乏相应的资源来遵守多边领域协调化的标准。特别是服务贸易领域极其复杂,不能简单地通过对标准的相互承认,来为跨国公司和发达国家的利益打开方便之门。

第二,从法律解释层面而言,对于相互承认可能导致的冲突,《维也纳条约法公约》第三十一条恰恰提供了解决规范间冲突的重要方法,即体系整合原则。它要求条约的解释者考虑适用于当事国之间关系的任何有关国际法规则。据此,国际法是一种整体性的法律制度,任何一项条约的运作与其他国际法规范都有千丝万缕的联系,并且应该在其他规范的背景下予以解释。因此,对某一事项可以同时适用两项或多项规范,并且出现冲突时,应当尽可能地做出能够产生一致性义务的解释。此种解释方式有助于缓和标准实施过程中的重叠、冲突和替代。

总之,相对整合状态的形成,一方面是整合过程的产物,另一方面又成为进一步演化的障碍,以至于为了进一步的发展和整合,不得不打破原有的整合。

(二)国际法对标准的正当性影响

既然国际法的正当性反映了各国的共同价值和利益,那么如何确保标准在全球治理中的正当性?对此,依次需要探究的包括以下内容——国际法本身是否存在正当性缺失;在全球治理中,标准是否需要国际组织及其法律的正当性；国际法在何种程序、何种方式上增进标准在全球治理中的正当性。

第一，国际法虽然追求公正价值，但是这并不意味着国际法各个方面都具有完备的正当性。正如前文所述，由于WTO相关规则的程序瑕疵、内容模糊、对国际法秩序的颠覆以及对第三方的影响等，都有可能损及国际法的正当性，继而也可能减损标准的全球规制功能。类似的质疑还包括对WTO规制范围的批判：对于正式的国际组织而言（例如联合国及其专门机构），鉴于其广泛的参与性，国际组织的价值反映了国际社会大多数成员的价值。但是，一旦国际组织涉及组织范围之外的事项，正当性问题就难免发生。正如WTO作为国际贸易体制，却处理环境、劳工保护甚至人权标准等问题，成员方迫于WTO规则的压力来修改国内的健康、环境政策，可能会影响该组织的正当性。对此的担忧，总体上有两种观点。第一个观点认为，WTO并无处理环境、劳工保护甚至人权问题的实际经验，这些事项应该留待专门机构来处理。即便这些专门机构目前的发展还不够成熟，即便这些专门机构的政策主要还停留于通过软法的方式发展，WTO也不应该横加干涉。这种观点有一定的合理性，各个国际组织的确有必要各司其职，但是，贸易与环境、劳工保护等方面息息相关，难以完全割裂。特别是当贸易自由触及公共利益时，立法干预就显得势在必行。第二个观点认为，WTO规则承认其他专门机构的标准，绕开了WTO成员方对此类标准的同意，容易导致"囚徒困境"的产生。然而，问题的焦点并非WTO规则是否应该涉及此类看似与贸易不相干的标准，而在于如何进一步规制这些标准，以平衡贸易保护与环境、健康等其他公共利益的关系。

第二，标准不仅仅是纯粹的技术问题，标准在创设和实施过程中所产生的"网络效应"可以对国家、企业、个人以及其他第三方机构产生额外的义务。即便某些标准的决策权已经让渡于私人主体，这种权力让渡依然需要确保权利和义务之平衡，以增进其正当性。因为私人的标准制定与实施主要基于市场驱动，具有自发性，极可能导致不平等的治理。为此,国家或政府间国际组织通过对标准制定和实施过程加以监管和问责,实现其在"阴影"下的规制。相较于国内的监督和问责机制,国际社会的相关机制虽然显得年轻得多,但在历经了漫长的发展之后,国际法也开始装上"牙齿"。

以国际联盟为例,如图4-2所示。国际联盟的建立主要通过国际会议的方式制定和实施决策,实践证明,这种松散的治理方式难以威慑到国家的侵略行为。在此基础上建立的联合国,则主要是通过行政机构开展活动。与国际联盟时代相比,联合国的诞生可谓极大地增进了国际组织的功能与地位。作为独特的全球性政治组织,联合国的集体安全制度将维持国际和平与安全的主要责任授予安理会,一定程度上巩固了国际和平秩序,但在安理会五大常任理事国缺乏政治共识的情形下,仍然难以抵御重大争端和国际情势的危机。在联合国机构之外,特别是随着关税及贸易总协定(GATT)以及WTO规则的发展,多边贸易领域的规则争议通过WTO争端解决机制得到澄清。作为准司法机构,WTO时期的争端解决机制采用反向协商一致的方式,确立了对争端的强制管辖权,有利于争端解决程序迅速、顺利地进行,确立和保持专家小组程序在贸易争端解决方面的权威。鉴于WTO承认专门机构制定的标准,涉及此类标准的争端也可以纳入WTO争端解决机制的管辖范围。

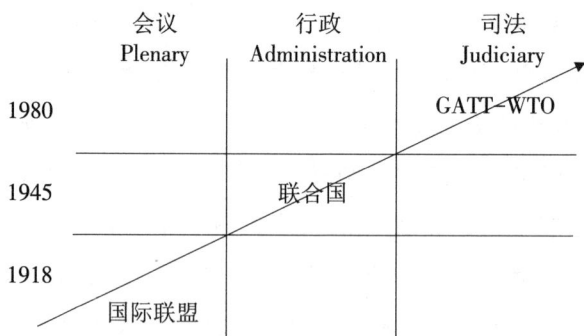

图4-2 国际组织的发展

可见,国际组织的发展历经了从国际会议到国际行政再到国际司法的发展趋向。这种发展趋向表明,虽然国际法本身尚存正当性缺失,但是不能否认国际法在长期发展过程中所打下的正当性烙印。因此,推动标准作为全球治理工具的正当性,仍然需要在国际法的框架下找寻解决路径。

第三,了解国际法对标准正当性的促进方式,需要对不同类型的标准及其适用先做区分。首先,如前所述,诸多标准从传统国际法渊源之中发展而来,某些私人标准也被并入条约中使用,由此获得了一定程度的拘束力。此时,标准与其他国际法规则一道,纳入传统的公法规制方式中。其次,私人制定的自愿性标准,在未获得条约的并入或承认的情形下,虽然不具有正式的法律拘束力,但是基于国际法的诚实信用原则,可以获得"即时的法律效力"。诚实信用原则指法律主体或法律行为者以忠实于自己的目标的方式遵守承诺并为实现其达成的目标真诚和有效地开展工作。当然,这并非意味着诚实信用原则将自愿性标准转化为有拘束力的法律规则,而是确保依据自愿性标准所实施的行为之正当性。由此,诚实信用原则在一定程度上治愈了标准在全球治理过程中的正当性,可"硬化"低层级的治理。再次,如前所述,标准在全球治理中的正当性缺失最容易发生的场域,是从自愿性标准转化为规则性标准的过程。因此,国际组织在借用或承认其他专门机构制定的标准,发挥其整合功能的同时,亟须防止对标准的滥用,国际法在程序、内容上对该过程应加以共同规制。

第三节　标准促进国际法的创设和执行

标准在全球治理中对国际法产生诸多影响,包括国际法律人格、国家主权的基本概念等。本节笔者着重探讨标准在全球治理中对国际法创设与执行的影响。

一、标准推动国际法的创设

全球化不但反映了国内法与国际法适用的鸿沟,促使国家与非国际行为者对此加以矫正和拓新。而且,它刺激了新的规则领域,革新了立法方法,乃至对于此类发展的抵制。

(一)国际法的创设主体、方式和范围的变迁

在过去的数十年中,国际法总体上呈现了三种发展趋向。[①]

第一,国际法的创设主体主要是国家,直至第二次世界大战,国际法还被认为只是国家间的法,然而这种观点很快不能再适应跨国关系以及相应的行为单元。

全球化发展导致国际组织成为了国际关系中重要的行为体。国际组织由一个以上国家依据国际条约设立,具有法律人格,可以独立地行使权利和履行义务。公民、政党、媒体、民间团体、企业日益受到国际法的约束并反过来独立于其母国,与其他国家相互影响。跨国公司在国际法的地位日趋明显。非政府组织的力量不容小觑,尤其是致力于法律与贸易政策、人权、动物、物种、环境与文化保护的非政府组织甚至可以促使国际法主体或者跨国公司改变原来的立场。

第二,随着国际法主体的扩大化,国际法的创设突破了依照《国际法院规约》第三十八条所限定的传统创设方式。

在19世纪以来的传统国际法体系下,国际条约和习惯国际法一直作为相互独立的法律渊源。二者之间的关系曾经就像一部车辆的两个车轮那样各行其道,自始至终在互不交错的轨道上行进。现今,二者的联系更为紧密,但是,此类创设方式本质上的不足并未太大改观。

首先,对于习惯国际法而言,习惯国际法具有不确定性。作为习惯国际法的构成要件之一,"国家实践"的界定非常模糊。例如,国家实践类型如何? 实践何时开始? 持续多久? 对旧有规则的持续违反是否改变了习惯国际法? 对习惯国际法存在的争议? 习惯国际法如

[①]蒋力啸. 全球治理视角下国际法遵守理论研究[D]. 上海:上海外国语大学,2019:35.

何发生改变？是否需要通过违反既有习惯国际法的行为来推动其改变？此外，习惯国际法的有效性也遭质疑。

其次，国际条约创设需经国际法主体的同意：一是相关国家的同意，二是有权利能力的国际组织的权威制定。在国际条约的创设中，国家同意需经历四个阶段：①国际条约的协商，以达到国家代表对条约文本的初步同意；②在国家层面予以确认；③在国际层面的同意；④国际条约的实施、解释、修改、后续实践。就第一阶段而言，双边条约和多边条约的草拟过程大不相同：对于双边条约的制定而言，相关国家在双边会议中协商出相互妥协的条约文本；对于多边条约而言，条约的表决可以由三分之二多数通过；条约的草拟分由利益团体、区域团体、主题导向的委员会商讨，最后达成一揽子协议。

近年来，国际条约文本的确取得了快速发展。尽管如此，国际条约的创设方式也有其限度。在适用过程中，国际条约具有相对性，只对缔约国有法律拘束力。虽然习惯国际法的适用面更广，但是正在兴起的习惯国际法之拘束力难以覆盖到"一贯反对"它的国家。此外，即便"对一切"的义务的提出，导致强行法对整个国际社会都有拘束力，诸如某些国际条约创设了一个公正全面的体制，理应得到所有国家的遵从。但是，对于该规则的实施并不明确。有赖于条约（甚至某些习惯国际法规则）适用方式的实质改变。对于人权的承认，对奴隶制的废止，对于强行法的逐步接受，体现了国际法从共同同意的秩序到客观法律秩序的转向。那么，现有的适用条约的国际法规则能否应对这些多样的变化？虽然司法机构对条约的解释技术、遵守效力、演进、实践发展、澄清条约内容等方面发挥作用。但是，例如强行法可支配通过协商一致达成的条约，"对一切的义务"也有赖于条约（甚至某些习惯国际法规则）适用方式的实质改变。

第三，随着国际法创设主体和方式的拓宽，国际法的支配范围得以扩展到截至20世纪中期仍属于国内法范围的事项。特别是诸如人权、环境保护、经济乃至国家治理等领域，国际法对国内法产生了更为直接和深入的影响。尽管相关国际法规则主要在国家层面实施,这些规则也只是国际进程的结果,反映的是国际法主体而非特殊国家的个人的利益。不仅如此,在国际规则的创设中,规则与非规则之间的界限,以及规范性行为和"准规范性"行为的界限也日趋模糊。

(二)标准对国际法创设主体、方式和范围的拓展

非国家行为者在全球性标准的制定和实施过程中参与了国际层面的规范性权威,即在传统的国际立法过程之外,实施非正式的公权威,导致了国际法规则及其立法过程本身的多元化。

第一,有必要重新审视以国家为中心的造法模式。全球化导致了国际、国内领域问题交织,新的行为者(国际组织、贸易联合会、跨国公司、个人团体等)也参与了对国际规范秩序的塑造。此类行为者是否都已上升为国际法主体不属于本问题的讨论范围,但不容置疑的是,全球化过程对于国际一体化的推动,使国家进一步丧失了国际立法的垄断地位。如图4-3所示,国际组织、跨国公司等非国家行为者对国际标准的制定和实施产生联合影响,推动了国际法规则在《国际法院规约》第三十八条之外的发展。

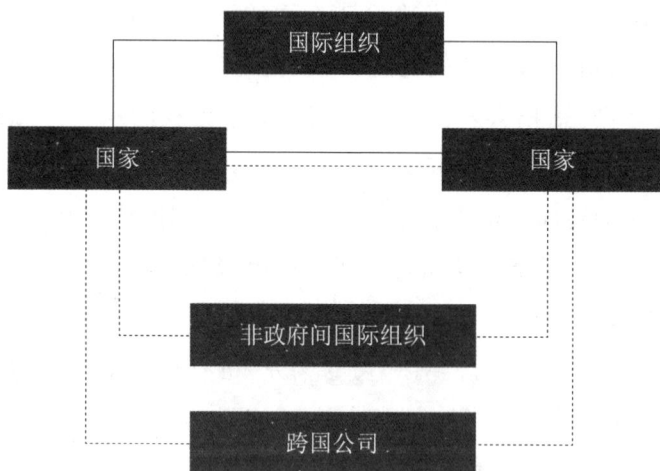

图4-3 国际一体化

第二,标准推动了多样化的立法过程,使得传统国际规范的发展

机制更为丰富。首先,传统上,各国花费大量精力和资源来谈判和缔结国际条约,标准则在传统渊源的外援地带影响国际条约的缔造。例如,国际标准有助于增进国家间有关相互承认的双边协议的协商。因为,参照国际领域熟知的标准和程序,有助于增进彼此之间的理解,为协议的实施建立互信。同时,标准的相对精确,也相应减少了各国在条约文本上字斟句酌。其次,某些标准从条约体系之外发展而来,并促进国际法在条约秩序之外的发展。标准通过专家制定,通过国家实践加以接受,继而构成实践本身,重申、影响、促进习惯国际法的发展;塑造有拘束力的国际法规则;推进无拘束力的规则的实施。此外,劝导性规则在国际法的形成中发挥了重要作用。特别地,非拘束性规则可以构建总体性原则,反过来指导和塑造有拘束力的法律规则以及国际法原则的发展。可见,标准有助于推动新的、非基于传统渊源的立法理论的产生。

第三,标准作为国际硬法和软法规范的桥梁或黏合剂,增进了两种不同规范形式的共存,从而促进了国际法创设范围的拓新。

如前所述,诸多标准兼具硬法与软法的双重属性,处在有法律拘束力与无法律拘束力的模糊地带。这使得法律拘束力不再被视为固态的、统一的,而更像是一种液态的事物——其形状由容纳它的容器所决定。这也导致硬法和软法的区分已越来越趋于动摇,这两类法律逐渐不可分地渗透融合,从而产生了全新的法律领地。当然,此类发展也有可能产生不利影响,其不但可能导致国际法的不确定性,也可以绕开国内监管和外事协调。甚至在某些情形下,是与国家的意愿和利益是背道而驰的。

二、标准增进国际法的遵守

(一)国际法的遵守原因

国际法的遵守意指国际法主体的行为和境况与国际法义务相一致。路易斯·亨金(Louis Henkin)有个颇为著名的论断——大多数国家在大多数时间会遵守大多数的国际法义务。这种论断总体上反映了国际社会的概观,然而遗憾的是,其并未深入回答"某些重要的国际法规则为何未获得遵守,以及国家为何愿意遵守国际法"等问题。事实上,遵守并非独立的规范性目标,而仅仅是实现其他目标的方式。只有对遵守的理由了然于胸,才能强化国际法的遵守。

回溯历史,国际法的遵守原因发生了诸多变化。首先,在古代国际法和中古国际法时期,条约的有效遵守要么来源于对宗教超自然力量的敬畏,要么来自人质或财产的质押,要么来源于对他国武力的戒心,具有原始、简单的特点;传统上还存在国际社会的谴责、国家报复和反报复等自助行为。但是,国家自我遵守和自助方式实施国际法都明显带有自发的、个体的和分散的特点。到近代的国际法,主要还是通过武力胁迫,同时仲裁等和平的争端解决方法也得到较大发展。其次,国际法遵守的对象发生变化。传统上,国家作为国际法唯一的遵守主体,表现为国家对其承诺的国际义务的一种自我约束、自我遵守。随着国际关系的演进和国际组织的发展,国际组织也越来越多地在国际层面承担了组织、审查和监督条约遵守和实施的功能,进一步强化了国际法的遵守。

关于国际法的遵守历来有不同的理论学说,特别是自1970年国际体制的勃兴,关于国际法的遵守涌现了不少新的理论和见解。最具代表性的例如管理论、正当性、声誉论、跨国论、自由论等。上述理论虽然各有侧重,但是其共通之处在于:国际法的遵守不能仅仅从决策者的角度分析,而应从受制者的角度加以探究。总体而言,国际法的遵守有赖于遵守的动机和遵守的能力。遵守的动机包括正反两方面的因素:①迫于不遵守导致的硬制裁(法律、经济、军事)或软性制裁(声誉、道德、外交压力);②激励机制,给予遵守方配套的奖励机制,或者所遵守法规本身的正当性。而遵守的能力机制则涵盖了相关措施的知识、遵守策略、适用能力(例如条约对非国际行为者的影响)、细化的行政规制、实施的努力、科技决断、当局能力、资源等。

相较而言,硬制裁主要通过向成员国施加贸易禁运、经济制裁等外界压力实现。如今,使用武力的制裁在国际法上断然是难以接受的,但是经济制裁等措施将促使违法者更加谨言慎行。硬制裁的方式往往不仅由受害国单独发起,而且也常常通过区域的或政治的集团来实现,这将引起违法国家与这些集团内国家的关系紧张,甚至会导致更加痛苦的制裁。通过"硬碰撞"实施的制裁虽然看似迅捷,但远不如软制裁灵活,软制裁(如通过东道国的声誉压力)往往能够起到四两拨千斤的功效。但是,当违法的利益远远超过可预期的成本时,软硬制裁的威胁也都容易黯然失色。与消极的制裁措施相反,通过能力建设、经济资助、技术支持、交流学习等灵活机制更能以积极的方式有效地推动国际法之遵守。

事实上,将国际法遵守的原因进行"萝卜"和"大棒"的分法过于简单化。实践中多数国际组织机制都属于此类"硬性"和"软性"执行机制的有机结合,久而久之,促使国际法遵守本身内化为各国的习惯和文化。

总之,国际法的实施与国际法的遵守二者相辅相成。前者主要是从决策者角度出发探讨国际法的适用效果,后者则从受制者的视角,探究如何改善受制者遵守国际法的动机和能力,从而推动国际法的实施。特别是当国家以及其他国家法主体有技术、资源等遵守能力且符合其主客观动机的情形下,国际法容易获得更好的遵守。

(二)标准促进国际法的遵守动机和遵守能力

标准从动机和能力两方面推动了国际法的遵守,使国际法不仅仅停留在纲领阶段。

1.标准促进国际法的遵守动机

第一,标准通过说服力而非基于强制力的方式促进国际法的遵守。标准的说服力体现为标准所具备的市场权威、科学权威和规则权威,而非统治者的权力或政治权威。首先,基于市场压力产生的全球最佳实践标准,具有市场权威,即国家通过遵守全球最佳实践标准来获得市场准入的机会。其次,由于标准的制定主要是基于技术专家的共识,使之具有了科学权威。这种科学权威意味着标准通过科学团体一定程度的认可来取代主观的政治决策。这反过来又意味着,基于标准作出决策的信誉,在一定程度上取决于各种科学团体的认可及这些团体自身享有的权威。

第二,标准增进了多元多层合作治理,推动了跨国规制网络的兴起,调动了遵守国际法的积极性。国际性、区域性与地方性不同层级的标准机构参与到标准的创设,鼓励私人的行业自治机制发展自身的司法、非司法实施机制,实现了非对抗的、合作实施的机制。

2.标准促进国际法的遵守能力

第一,标准的内容相对确定和具体,容易实现具有操作性的国际规则执行方案,继而细化了国际法的遵守方式。因为,虽然国际条约的拘束力通常针对缔约国,但是国际条约的真正目的并非影响国家的行为,而是渗透到对国内的个人或私人实体行为的规制。在全球化的今天,这种倾向尤为强烈。实践中,对于私人行为者的影响,则通常有赖于缔约国更为复杂的后续安排,例如更为细致的国内行政规制和强有力的执行机制。这个过程包含了科学性选择和技术性裁断。然而,撇开国家的政治意愿,特别是在国际条约模糊、习惯国际法缺失的情形下,国家对于条约义务的遵守较容易出现偏差。倘若仅以国际法原则或判例作为治理依据,则很容易面临国际法原则过于抽象、相似判例难以找寻的风险,而标准的相对精确可以对相关国际条约的义务进行细化的解释,巩固乃至推进新的习惯国际法或者一般法律原则的产生,有助于平衡法规的"过于抽象"和"过于具体",继而成为国际法"原则之治"与"判例之治"的均衡策略。

第二,从标准的适用范围来看,标准其无须依赖全球规制权威,将国内与全球性规制网络加以整合,相比国内法的地域管辖,标准更易跨国适用,其有效性不受国内立法的限制。

然而,标准的发展与技术发展相生相伴,发展中国家因缺乏足够的技术资源导致在国际标准制定和实施等方面先天不足。但是,通过技术援助等方式有助于改善发展中国家遵守国际标准的能力。

　　总之,标准通过说服力、公私合作的方式改善了国际法的遵守动机,通过细化的规则内容与广泛的适用范围提升了国际法的遵守能力。对于发展中国家而言,倘若能够获得足够的技术资源来增进其制定和实施国际标准的能力,对国际法的遵守也将进一步提升。

第五章 作用与前景
——全球治理中的国际法

在全球问题的治理过程中,国际法仅仅是一种具有法律效果的问题机制,在多元行为体的治理过程中,国际法仅仅是一种主要适用于国家行为体的活动框架,在全球化过程的治理中,国际法是一种还会发生变化的不稳定法律结构。国际法的这种规则处境或状态决定了国际法在全球治理中的作用必然是有限的,不过这却是国际法在其规则状态之下所能发挥出的最大作用。另外,既然全球化的过程尚在进行中,那么国际法发挥作用的环境及其本身还将继续随着全球化的进程发生变化。

第一节 全球治理中国际法的作用

全球治理中国际法的作用是实现全球治理所要实现的全球秩序,但秩序更像是一个所有人都认同但实际上对每个人而言都不同的东西,所以,秩序更像是一种描述世界状态的主观标准而非一种客观标准。所以,即使有法,也可能是无秩序的。不过,人类的经验认知是,建构秩序与建构法是同一个过程。因此,法的作用包括两个过程,一为实现秩序,二为自我建构。①

---

① 何驰.国际法上的非政府组织:理论反思与重构[J].中外法学,2020,32(03):826-839.

一、维护稳定的国际环境

在全球治理体系迫切需要变革的背景下,推动国际秩序和全球治理体系朝着更加公正合理的方向发展,其中国际法的作用不可忽视。

全球治理需要一个和平稳定的国际环境。国际体系中的国家以确保自己安全为首要目标,无政府体系中没有守夜人,国家之间总是存在安全竞争。只有在确保安全的国际环境下,国家才可能会追求其他一系列非安全的目标,国家之间的合作才成为可能。在全球化不断深化的背景下,国际社会因面临着共同的风险和挑战而形成共同的命运,为了共同的安全和利益,各国之间不断对话形成合作,进而制度化和规范化。国家间长期交往过程中形成的试图抑制世界无序性的基本原则,其背后是一整套的国际法律规范和国际机构。

国际法有利于构建安全的和平稳定的国际关系。与国内法不同,国际法规范的是一个横向的体系,由200多个国家组成,在法律理论上都是平等的(都具有主权特征),而且没有高于主权国家的权威。是国家自己创造了法律,并且决定是否遵守这些法律。但是与通常的观点相悖,绝大部分情况下国家都会遵守国际法,违背国际法的情况很少。但是一旦违反,特别是在涉及武装袭击和种族压迫的情况下,可能会触碰到国际法体系的核心(创造和维护国际秩序的和平与公正)。

国家无论出于什么目的遵守国际法(接受和追求共同的价值、受到强迫、期望获得互利),国际法都可以通过确定国际主体之间的基本原则、规定国际主体之间共处的基本规则,并且督促其遵守这些规则,起到维护国际安全和稳定的作用。

二、国际法在全球治理中进行全球法治

全球法治并不等同于全球治理,全球法治仅构成全球治理的一个治理部分,属于全球治理中法律治理的部分。全球治理的内涵是没有政府的治理,是一种依靠规则体系的治理,但法律仅构成全球规则体系的一部分,也即法律规则仅构成所有治理规则的一部分,因此,法治

只能是全球治理的一个部分。

另外,全球法治是全球法律治理,全球法律是同时包括了国内法和国际法的法律。但就法律规则本身而言,国内法是治理国内事务以及治理某些已经进入国内范围的国际事务的。虽然各种迹象已经表明,所谓的国内事务与国外事务的分界正变得越来越模糊,国内法不仅接受越来越多的国际法规则,甚至在国内区域可以直接适用国际法,以及国内法在不断发展的过程中也越来越多地直接移植国际法规则。但就作用范围而言,国际法可以作用于国内范围,而国内法作用于国外范围时似乎通常被视为国际私法,所以,可谓国内法只能治理国内领域,而国际法可以治理全球领域。因此,在这个意义上而言,是国际法而非国内法承担了全球法治的主要部分,但全球法治同时包括国内法治和国际法治。对于全球治理而言,国内法治与国际法治共同构成全球法治。所以,全球治理、全球法治以及国际法的关系为,全球治理中法律治理的部分是全球法治,全球法治主要依靠国际法进行。也就是说,在全球治理中国际法能够一定程度上进行全球法治。

三、国际法在全球治理中构建基本治理原则:共商共建共享

国际法是加强全球治理、促进国际合作的基本手段。共商共建共享的全球治理观要求建立更具公正性的治理规则,有效规则是有效治理的必要条件。国际法在全球治理中,构建了共商共建共享原则。

(一)共商是基础

共商强调国际法治的立法层面坚持民主和平等。倡导各国在国际规则制定过程中的民主化,即强调国家不分大小、强弱、贫富一律平等,要让发展中国家,特别是最不发达国家在国际治理论坛和事务中有其代表性和发言权。国际规则的制定以平等协商谈判的方式进行,而不能以胁迫等违反尊重国家主权的方式进行。共同参与,寻求最大公约数,贡献集体智慧。共商原则体现了包容性共存思想,强调包容互鉴。当今国际交往中的多数领域都有规定的国际规则,都明确了权

利义务。各国应当全面梳理现有的双边、区域和多边法律规范和机制,并进行完善和更新。在现有国际规则缺位的情况下,制定新的国际规则。

(二)共建是手段

共建强调国际法治的执法和守法层面通力合作、共同参与、共同治理。徒法不足以自行,良法需要善治。各国要积极寻求与其他国家的合作,创新法律合作机制。维护国际法的权威,维护国际秩序的稳定。要顺应各国发展需要,尊重各国发展道路选择,以互利共赢为目标,构建以可持续发展为核心的人类命运共同体。

(三)共享是结果

共享就是各国共同分享国际法治建设成果,在国际治理过程中实现互利共赢。目前世界范围内出现的逆全球化现象的一个重要原因就是全球发展成果没有惠及全民,出现了"赢者通吃"的现象。在国际法治的层面,以中国为例,中国强调做国际规则的引领者和制定者,虽然秉持了共商共建的原则,但是依然有一些国家可能因为法律发展较为落后、法律意识不足等原因,不能全面履行国际法义务,也无法充分有效利用国际法维护自身的合法权益,并且由此怀疑国际法的公正性。中国应当积极帮助这些国家进行法律能力建设,让这些国家真正感受到国际法治带来的机会公平和结果公平。

四、国际法在全球治理中提供重要指向:坚定以规则为基础的多边主义

冷战后国际社会出现过一个重要共识,就是多边主义共识。多边主义是应对全球挑战的真正解决之道,但是当今世界正在经历着信任缺失,各国之间合作的不确定增多,多边主义遭受严重的挑战。在这样的背景下,国际法维护以《联合国宪章》宗旨和原则为核心的国际秩序和国际体系,在全球治理中,提供了重要指向——坚定以规则为基础的多边主义。

第二节 全球治理与国际法的前景

　　未来的情况是不确定的,这种不确定性不会直接导致秩序的产生,不过这种不确定性会强化对秩序的需求,所以世界仍会继续建构秩序,继续全球治理,继续建构法律。未来的情况虽不能确定,但建构的过程至少意味着国际法的性质必然会发生变化,且争相建构各种治理规制将成为全球治理活动的新特征。

　　本节内容,笔者以全球治理中国际法性质的变化、全球治理规制建构主动权的竞争为切入点,对全球治理与国际法的前景进行详细的阐述。

一、全球治理中国际法性质必然发生变化

　　全球治理的过程中国际法发生性质变化似乎是必然的,因为国际法作为全球社会的规制结构,全球治理的过程又不可避免地包括了规制建构的过程,所以在这个过程中国际法是必然会发生性质改变的。而且,国际法本身也一直在发生改变,如国际法从最初的万民法发展至今天的国际法或跨国法或全球法。国际法一直在各种不同的条件下发生着变化,只不过现在的条件换作了诸如全球化、全球化导致的多元化的各种活动领域、多元化的各种行为体的多种活动等。[①]

　　也许,现在的国际法所发生的变化与过去的国际法所发生的变化相比,现在的变化速度更快。似乎自威斯特伐利亚国际法诞生后,国际法就曾以各种诸如国际会议、国际条约、国际习惯、甚至国家实践的形式而表现为诸如国际组织法、欧盟的超国家法,以及如今的跨国法、各种部门法、甚至软法以及所谓的全球法等各种形式的法。当然其中的软法,严格而言不能算作法。国际法发生变化的速度如此之快可能

①江河. 从大国政治到国际法治:以国际软法为视角[J]. 社会科学文摘,2020(04):80-82.

与现今的科技发展有关。如以前需要一个月才能生产出的产品,现在不到一个月就要被迭代产品所淘汰;以前互不联系的遥远地区,现在通过以各种科学技术作为支持条件的通信装置而联系紧密;以前上百年才能发生的变化,现在可能仅需数年。科技的发展仿佛加快了时空的运转,所以现今的国际法的性质变化也非常之快。

如过去的国际法只能由国家创制,现在由政府间国际组织创制国际法已经变得理所当然,而且其所创制的国际法必然地、经常地与(绝对地)国家主权发生冲突。当然有的时候是国家主权做出让步,而有的时候却不是。如果说,国际法本就应该是严格的国家间立法,那么政府间国际组织进行国际立法活动可能就已经意味着国际法的性质发生了变化。虽然可以主张政府间国际组织所进行的立法依然是在国家的授权之下进行的、依然是需要国家同意的,但除此之外的大多数表决制(多数通过即生效)又应作何看待呢?即使对多边条约的某些条款做了保留,国家也仍然成为条约的缔约方,对此又应作何看待呢?仅就立法形式论,国际法的立法形式已经发生了变化,国际法至少已经从国家间立法变为了国家间立法以及政府间国际组织立法。

就立法实质论,政府间国际组织是具有一定的相对于国家的独立性的,所以,政府间国际组织的立法并不完全取决于国家。当然对此依然会有学者争论国家与政府间国际组织的关系是否足以证明政府间国际组织具有独立于国家的国际法立法权,不过可以想象的是所有的论断都将以程度论,但是以程度论是否合理?即使可以将所谓的程度进行量化,那么标准的数值应该设定为多少呢?再者,有重要国家退出了某些多边条约,如果说这样的国家是足够有实力的国家,那么它的退出行为是否正是在某种程度上证明了政府间国际组织的独立性呢?是否证明了政府间国际组织所进行的国际法立法已经在实质上具有了某种重要影响所以才导致重要国家退出了某些条约?以国家利益论支持国家行为的论证恰巧在另一个角度证实了国际法的性质已经发生了变化。

另外，还有一些争议更大的情况，某些承担着公共职能的非国家行为体所创制的某些规则构成了国际行政法，当然其是否能够构成国际法还未形成统一的认识。不过，如果国际法的性质是严格的国家间立法，甚至国际法的性质已容纳了政府间国际组织立法，那么，非国家行为体立法将同样证明国际法的性质发生了转变或至少出现了转变趋势。如针对现有国际法不成体系问题所提出的宪法化改造，国际法出现了宪法化趋势，或许这仅是一种思想主张而已。还有学者主张，公民社会建立的治理规则是世界法，如果这种主张成立，则国际法的性质当然发生了变化。另外，有学者直接建议，国际法应该改作"跨国法"，因为这一概念既涵盖国家之间，也包括国家之上还囊括国家之下，而且对于未来的新情况，这一概念还有拓展的可能。

可见，即使这些新情况不能毫无争议地证明国际法的性质已经发生了改变，但至少这些新名词的出现，可能在一定程度上证明了国际法的性质正在发生改变。例如，有学者就将国际法发生的这些变化称作是国际法从共存国际法，经历合作国际法，再至共同体国际法的过程。另外还需补充一点，由政府网络所创制的软法的存在并不应该被用以证明国际法的性质发生了软法化，因为国际法作为一种法律本就应该是硬法，其实软法的存在所证明的反而应该是各种非法律规则向法律规则演进的正式化的趋势。所以，软法的出现不能证明国际法的性质发生了变化，不过，它能够证明的是国家参与全球治理的方式发生了变化。

二、全球治理规制建构主动权竞争的趋势

所谓国家参与全球治理的方式发生了变化是指对于某些情势而言，国家会选择创制软法而非以往建制硬性法律规制的方式以应对共同的问题，即国家的政府官员会通过非正式地交换信息以协调彼此的行动，而非创制硬性的国际法规则的方式，界定各自的权力和义务，这便是所谓的国家参与全球治理的新方式。这种方式被斯劳特称作政府网络，由政府网络所创制的规则便是软法，斯劳特认为政府网络是比当下已有的世界机构以及还未有的世界政府更有效的治理方式，不过这种新方式仅适用于对软法而言，而对应由硬性的国际法规则规制的情势，如战争问题而言，所谓更有效的软法就不适用了。

然而，软法与硬法的关系不是对立的，软法的出现并不意味着非正式的方式比正式的方式更适合用于全球治理，并不意味着全球治理的治理方式的去正式化，也不意味着全球治理规则的软法化。软法所代表的是：即使是对于某些还不适于以正式的、硬性的规则所治理的，也还是要以"规则"进行治理的情况，即软法所强调的重点还是在于规则对于治理的重要性。也许，这是不可思议的，因为软法的出现似乎证明了那些正式规则是死板的、是僵硬的、是不适宜的。确实，软法的出现的确证明了某些正式规则是不适宜的，但若将这些不适宜的规则进行改进呢？它将又是适宜的规则。并且，软法的未来是什么？软法的未来也是正式化，会构成全球治理规则体系硬性规则的一部分。这并不意味着新的软性规则不再继续出现，新的软性规则还将继续出现，并且当新的软性规则出现时，又将有一批已经正式化的规则会被淘汰、会被改进，以及新的软性规则会正式化。

软法的出现的确证明了某些规则的不适宜，甚或其衰亡，但它也意味着新规则的诞生，并且这些新规则也会随着情况的变化而被筛选淘汰、被改进，乃至正式化为硬性的规则，但随之正式化的过程另一些软性规则又将诞生。所以，软法还体现了全球化中的"碎片一体化"过程，软法的出现是正式规则体系的"碎片一体化"过程。这与国家正在经历的"碎片一体化"是同源的，国家经历了"碎片一体化"的结果是，各种非国家行为体的产生，那么同理，正式的规则体系经历"碎片一体化"的结果便是各种非正式规则的产生。事实也正是如此，如国家网络作为一种非国家行为体其所创制的软法正是所谓的非正式规则。所以，软法所代表的是旧规则的碎片化，但却也是新规则的正式化的过程。正如罗西瑙所言，"初始规则总会正式化为成熟的等级体系规则"，而且这个过程同样也符合韦伯的官僚组织理论，同样也符合社会学的自组织理论。

可见,若全球治理就是规则治理,那么,规则制度的建构就将成为全球治理的关键一环。所以,争相进行规制建构就将成为掌握全球治理主动权的关键路径——这就是软法的存在所代表的治理方式的新变化的实质。这种竞争会发生在各种具备建构规制能力的行为体之间,如国家和国家之间,如从跨太平洋伙伴关系协定到"一带一路"倡议,再到美国与欧盟达成贸易协议;国家与政府间国际组织之间,如美欧贸易协议与世界贸易组织(WTO);政府间国际组织之间,如欧盟与联合国的"冲突性依赖"关系所体现的那样;非国家行为体与国家行为体之间则体现为各种非正式规则与正式规则的竞争,非国家行为体之间则也是如此。可能这也是我国近年来积极参与全球治理并积极参与制度建构的重要原因。

然而,规制建构竞争其实质是另一种形式的规则冲突,所以,在这个意义上而言,各种规制之间除可以相互协调的情况外也将冲突不断。全球规制也将像国际法体系一样经历着多元化与碎片化、面临着一体化与整体性的困境。不过,对于全球范围的规制而言,此时也应该衡量,它究竟更应该是多元化的,还是一体化的? 一体化对于全球规制而言真的是必要的吗? 此外,从这个角度反观国际法体系的一体化或宪法化,它确实将会是一项非常艰难的工作,它的艰难不仅包括国际法体系本身的多元化与碎片化所带来的一体化困难,还包括各种非正式规则与国际法所形成的竞争关系而造成的困难。

全球治理不是单方面的治理,它也在某种程度上制造了冲突,这就需要考虑到底哪一方面的收益对全球社会而言更重要。这似乎与所谓的全球化与逆全球化是匹配的,与建制与反建制也是契合的。另外同样地,对于全球秩序而言,全球治理带来的不仅是秩序,也包括混乱,但这种治理混乱似乎是不可避免的,也许这种治理混乱只是全球治理的过程而不会是全球治理的结果,但结果究竟会怎样现在依然是不能确定的。

综上所述,在全球治理过程中,国际法本身的规制状态决定了国际法的治理作用必然是有限的,但即使是有限的法律作用,也是国际法在其规则状态之下所能发挥出的最大的法律作用。

就全球法治而言,首先全球法治只是全球治理过程中的一部分。其次,国际法作为唯一一种能够在跨国家空间中发挥法律作用的法律规则而承担了全球法治的主要任务。但全球治理过程中进行全球法治是十分困难的,因为目前的全球法律基础并不足以支撑全球法治的顺利进行。并且,作为最有能力建设全球法律规制的国家不仅因受制于国家间博弈的法则而不得不选择做一个理性主义者,而且国家会出于自主性的考虑而拒绝为限制其自由的全球规制的建设让渡过多主权。这就导致建设全球法律规制的任务似乎只能寄托于非国家行为体,但依靠非国家行为体建制全球法律基础的风险也是显而易见的。

如果非国家行为体可以促成一定的全球法律规制的建制,那么这样的全球法必然已经超越国家间的国际法,在这个意义上而言全球法是指涵盖了国际法概念所不能涵盖的新因素或新性质的法律规则。全球法将是一种包括当地法、跨国家法、国际法,以及非国家行为体所创制的"法"的全球性法律。全球性法律的发展必然会为全球法治提供一定的规制基础,但全球法的发展同样还意味着全球法律体系的碎片化、统一性的缺失等伴生状况。虽然有的学者将这种碎片化看作法律全球化的有益基础,但也有学者认为这将是法律全球化的束缚。不过全球化的过程还未结束,未来的情况究竟如何很难确定。

但未来有两种情况是可以预见的,一为国际法的性质必然会发生变化。其实国际法自诞生至今其性质是一直变化的,不过,也许今日的国际法的性质的变化相较以往呈现出了更频繁更复杂的特征。二为未来的全球治理过程必然会呈现出各种机制相互竞争的局面。无论是在何种规制之间、无论是在何种行为体创制的规制之间,未来的治理过程必将呈现出规制相争的局面,因为有效的规制背后将意味着有效的领导权。在这个意义上而言,虽然国际法治理的本意是为世界带来某种秩序,但国际法治理也不可避免地制造了某种程度的混乱,而且这种掺杂着混乱的秩序建构过程究竟将向何种方向进一步发展,这在全球化过程还未结束之前仍然是难以确定的。

第三节 国际法之治与中国参与全球治理

在国际体系中,拥有辽阔的疆土、庞大的人口规模、不断增加的经济贸易实力和日益释放的政治影响力,中国毫无疑问是一个主要行为体;同时,与作为现有国际体系根基的西方基督文明截然不同的历史文化背景使得中国在国际体系中成为一个与其他主要行为体明显不同的特殊角色。[1]

一、中国的全球治理观

中国人惯于从天下即世界的范围看问题。从孔子时代起,一般的中国人,特别是中国的政治思想家,就开始考虑世界范围内的政治问题。《大学》中有"修身齐家治国平天下"之说。所谓"天下",字面意思是"普天之下",也就是"世界"或"全球"。《大学》的作者是为世界政治和世界和平着想,在他看来,光是治好自己本国,并不是为政的最后目的,也不是修身的最后目的。当然,我们的古人以为"中国"就是"世界",而"世界"也就是"中国",所以秦朝的统一中国,在当时人的心目中,就好像是今天在我们心目中的统一全世界——治国与平天下实现了统一。今天,我们早已明白,世界不是"中华世界",而是"万国之世界";世界也不是"中国之天下",而是中国乃"世界之中国",一变"天下观"为"国家观"。

---

①何志鹏.从国际主义到国际法治:中国共产党全球秩序理念的百年演进[J].吉林大学社会科学学报,2021,61(01):5-23+235.

（一）以礼经世

儒家的治世之道系于"礼"。孔子是儒教的建立者，而孔子的王道思想正是寓乎礼治理想中。照儒家的说法，有两种治道一种是"王"道，另一种是"霸"道。王道政治之实现，必定是礼治社会。孔子之后，《荀子·修身》中，荀子的"隆礼"精神强调"人无礼则不生，事无礼则不成，国家无礼则不宁"之以礼修身，是客观礼制之规范作用，也即礼能对吾人产生矩身范行的规范价值。清儒之礼，强调从个人到国家皆能以之作为矩身范形、体国经野的有效规范。而此亦后世看重礼能作为"经国家，定社稷，序民人，利后嗣"（《左传·隐公·隐公十一年》）之所凭借，也即孔子所主张"道之以德，齐之以礼"（《论语·为政》）之王道政治、礼治理想的实现。

礼的内涵历经演进而包括数个层面的意义：一开始是"事神祈福"仪式；后来才形成具有"道德"价值的庄敬之德等道德行为；再后来又扩展为指法制、规范等国家社会"礼制"。礼对于国家治理的重要意义表现在几个方面：①礼是国家层面的重要制度。②作为国家层面的重要制度，礼本质上讲的是根本大法，是基本纲要。③礼即是《左传》中的"国之干""国之纪""国之常"，因此它是统治者的自然要诀。

1.礼德教化

礼首先和"德"联系在一起。礼在某些时候与德具有一种包含、交叉甚至统一的关系。在这种情况下，礼有可能作为德的一部分，或具有德的功能。但在绝大多数情况下，礼与德是一种并列关系。此时，礼不同于德作为德行或德性，而是作为规范、制度甚至法规。这样一种礼（可能）是主要的，它属于一种伦理、一种公共伦理、一种公共政治伦理；也是一种法规，一种公共法规，一种公共政治法规。如果要进行比较，可以说，德主要是靠人的内心来加以培养的，而礼则是一种外在或社会强制规定的准则，这样一种准则既具有法律的意义，也具有伦理的意义。无论是仪式也好，还是伦理也罢，礼都有明显的外在特征，或为外在形式，或为外在要求，并且这种外在特征又与规范、规定密切相关,与他律或强制密切相关。不过礼教对于个人的视听言行,实际上并不具有强制力;其能产生经世作用,主要是通过"有耻且格"的礼教"内化"作用。

2.礼法相涵

在德治教化之外,礼也重视法治存在的必要性。

3.政以礼成

礼是国家的政治基石。依从礼,社会机构稳定,社会关系有序,这些都是礼带来的良好结果,所谓"礼之善物也"。

4.国以礼待

礼不仅约束个人行为,而且约束各国行为,是支配国际关系的准则。有些礼适用于和平时期,如朝礼、聘礼、会礼、盟礼等;有些礼作为战时法规适用于战争时期,如军礼、戎礼等。一个国家在对外关系中遵循的平时和战时的礼,相当于我们现在所谓的平时和战时的"国际法"。遵守礼,即是遵守国际规则。"国际法"无效的局面,就是礼的衰微。

(二)和谐世界

"和"是中国传统文化的精华,也是东方文明的精髓,它积淀于中华民族的性格、思维和行为方式之中,是中国人对待世界和人生的根本态度、行为方式和价值准则。在中国传统文化中,讲究礼之用,和为贵;和而不同;协和万邦;和谐世界。和谐世界新理念,集中体现了中国对当今国际局势、全球问题、人类命运及理想目标的基本判断和价值追求,它是中国国内政治发展在国际政治领域的反映,是中国新的全球战略的主要标志,代表了中国的全球治理观。

二、中国参与全球治理之变迁

从1840年的鸦片战争起到现在,中国在全球治理中的经历可以划分为三个阶段。

"治下"阶段是一个传统中华世界秩序的崩溃与中国第一次走进西方主导的国际社会的艰难起步,是从传统王朝帝国走向现代意义上的主权国家,从此告别"中国之天下"的历史过渡。在"治外"阶段,一个崭新的"世界之中国"屹立东方,但承载着沉重的"治下"历史,加上特定的国际关系环境,中国游离于当时的核心体系之外。尽管如此,中国成功运用国际法基本原则和准则巩固了新生政权,并谋求建立新的国际秩序和国际法体系。1971年中国在联合国的合法席位得以恢复,中国逐步全面加入各种国际组织和国际公约,逐渐成为国际秩序中举足轻重的治理主体;新世纪"和谐世界"理念的提出,给西方偏好的全球治理理论注入了东方的合理因素,是为"治中"。

(一)"治下"之中国

理想总是美好的,现实却往往残酷。立志"平天下"的中国对天下的感受是从"被""天下平"开始的。从1840年的晚清政府到1949年中华人民共和国的成立,整整一个多世纪里,中国在国际体系中发言权极少,不是国际法的完全主体,除了不断签订不平等条约和后来不断要求废除不平等条约外,对国际法的适用十分有限。"治下"之中国,关键词是半殖民、不平等条约和领事裁判权。这一阶段大致可分为两个时期:1840—1911年晚清时期和1911—1949年民国时期。前一时期中国在全球治理和国际法秩序中基本处于客体地位,是争取主体地位的挣扎与斗争岁月;后一时期,中国逐渐进入西方主导的国际秩序并谋求抛弃不平等的各种历史符号,最终确立了大国地位。

1.从"先进"到"落后"

晚清时期,中国面对的来自西方资本主义、信仰基督教之"文明国"的巨大冲击是什么呢?一是以坚船利炮为象征的"暴力支配";二是规范主权国家之间关系的"法的支配"——近代国际法。

近代世界体系是以"文明观"为基础,以势力均衡为前提,以主权国家为构成单位的西方国际秩序。在文明—野蛮的国际法秩序下,国家独立、自主、主权平等这类国际法原则只适用于"文明国"。对于被视为"落后"的非西方国家,其在享有国家主权上受到限制,西方的国际法原则和规则并不完全适用。在这个意义上,对西方而言,所谓领事裁判权、最惠国待遇和协定关税等不平等规定,是"合法"而且"必要"的。

由此可见,发源于西方的国际法本身,就包含着"不平等"的因子。它是帝国主义和殖民主义的帮凶。这种国际法适用的二元格局,直到二战后方才有所改善。

自1842年中英《南京条约》缔结以来,清政府一方面与欧美各国立约通商,确立了"条约体制";另一方面,又与朝鲜、越南等国维持传统的"朝贡体制",为"朝贡—条约体制"时代揭开了序幕。在"条约体制"下,清政府很自然地成为国际法的适用对象。

表面看来,清政府似乎已接受"国际法的支配原则",并加入了国际社会,但事实并非如此。一方面,在初期,与欧美各国的立约通商并不意味着清政府理解了所谓"法的支配原则"或是承认以平等的主权国家为构成基础的西方国际法秩序。清政府只视之为抚夷怀柔策略之一,试图将西夷纳入"朝贡体制"之下。另一方面,基督教文明的西方国家显然不承认异质文明的中国为国际社会的对等成员。中外不平等条约的缔结,既是西方国家拒绝清政府适用主权平等、国家独立自主等国际法原则的表现,同时也是对非西方国家新国际法原则的创造。维持这种秩序的是资本主义强大的经济力量及船坚炮利的军事威慑。进一步说,19世纪的世界就是在种种规范性二元对立的命题下塑造出来的。在当时的西方看来,中国属"落后国",只能适用国际法的部分原则,不能享有国家主体的完全人格。以单方面最惠国待遇、领事裁判权、协定关税为核心内容的不平等条约最能反映这种秩序架构上的国家权利之差异。可以说,不平等条款的规定,正是为这些"非文明国"而设的。这种国际秩序观点,固然是不折不扣的"西方中心主义",但不幸的是,19世纪末20世纪初的全球治理确实是在这种偏见下展开的。

面对西方的"暴力支配"和"法的支配",清政府首先提出的是"师夷长技以制夷"的伏夷大法。在"以夷制夷"思想下,清政府除了以军事、技术改革为中心,对帝国实行"武装现代化"以外,自1861年成立总理衙门以处理西方各国事务后,踏入1870年,更是接受外国使节驻京,并派遣驻外使节。另外,实际的中外交涉以及1860年以来西方国际法著作的传入,带来了中国认知范式的改变,为中国人辨识当前的变局,理解新世界秩序、新知识、新价值体系提供了核心"知识资源"及"概念工具"。中国在利用新"知识资源"和新"概念工具"去认知"条约体制"的本质、理解国际秩序的同时,也重新为传统的中华世界秩序定位定性,并以西方作为参照对象,反观本身,自我解剖,调整体制,以至开始自觉与不自觉地着手建构现代意义的国家。也就是说,在帝国崩溃失序的过程中,中国同时在追求新秩序的原则,以国际法把握国际秩序的框架,从事国家构建,改革政治体制、法律制度以及教育制度等,并自觉或不自觉地对传统文化、价值观念体系进行转化,重新界定自我,试图走进主权国家的队伍,跻身为欧美国家承认的"文明国"。

中国试图通过加入国际社会大家庭,来确保自己享有的国际法所保障的国家权利,以维持自主独立。在这个过程中,中国以欧美和改革成功的日本作为参照对象与尺度准则。中国深知国家之"先进"与否,已非传统的以礼为依归,而在于能否对内实行西方式的法治统治,对外遵守条约,并根据国际法规定,行使国家权利,履行国际责任。晚清的各种变革,无论是立宪还是革命(戊戌维新、新政改革,乃至辛亥革命),其根本目的都无非是希望通过各种政治、社会、经济改革,再建国家,争取在国际社会上与西方列强对等的地位,成为国际法上的平等一员而已。近代对外机构的设置、驻外使领的派遣、国际会议的参加,以及国际条约的缔结等,反映的是中国从认知到接受国际法秩序的过程。对外交涉应用国际法,反映了中国遵守国际法规范国家行为的原则。至于实施国际法教育,进行国家体制及司法改革,则是培养及遵守国际法的能力。20世纪初期国人国际法知识的丰富及对国际法秩序理解的深化,直接影响到新政期间他们对国家出路问题的思考。例如,革命派与立宪派对中国今后应实行革命还是立宪的分歧之一,即根源于对国际法原则及当时国际秩序理解和评价的差异上,世界秩序是暴力秩序和法秩序的结合。从初期置身国际法之外,到承认各国平等、自视为万国之一员,再到后来要求各国平等对待中国,让中国人于"公法"(国际法)的国际秩序观变化本身,既是中国人认识国际法的过程,也是国际秩序的变化以及中国从"先进"沦为"落后"的历史进程。

2.由"落后"入"文明"

19世纪至20世纪初,"文明"与国际法就恰似一对双生儿,"文明"既是国际法的基准,而国际法又是象征"文明世界"的法秩序。对中国人而言,国际法关于国家权利的原则是应对西方列强欺压的依据,国际法理论是诠释国际社会的理论框架,而成为国际社会的"文明国"则是国家构建的目标。在"文明化"和"大国化"两个目标下,中国开始通过参加国际组织、缔结国际条约以进身国际社会。其中尤以晚清政府先后参加1899年和1907年在荷兰海牙举行的两次海牙和会最为重要。它反映了晚清以来中国人争取成为万国一员的热烈期待,见证了中国主动走进国际社会的历程。有学者认为清政府参加第一次海牙和会是"中国由被动地接受外来的国际法秩序转变为主动地参加国际法法典化的重要历程";清末民初参加海牙和会及国际联盟为"中国加入国际社会,追求文明大国地位的过程"。

晚清政府两次参加海牙和会,签订多个国际条约,最大的目的即在于争取参与国际事务,享有与西方列强对等的地位,流露出来的正是中国立志成为文明大国的强烈意愿,以及对世界和平秩序的向往。但海牙和会,只能算是中国参与国际事务的尝试而已,到1918—1920年才算是正式加入国际社会,并为各国所承认。在此期间,作为第一次世界大战的战胜国之一,中国一方面单独与德国交涉胶州的归属问题,推翻与俄国缔结的不平等条约,最重要的是参加了巴黎和会,并在英法的支持下成为国际联盟行政院(League Council)的非常任理事国,得到列强同意修订此前缔结的不平等条约等。除此之外,中国在对外关系上,更加意识到国际共同利益和价值的重要性,设想中外关系是由一个共同的规则所规范,中国须在国际社会的共同机构内与各国合作。但无论如何,中国积极参加和会以及其他国际组织本身,便为中国带来了新思维、新路向,在政府的层面确立了新世界秩序观,加快了中国迈向国际社会的"文明化"进程。

民国时期,一方面,以国际法为依据,中国进行了风起云涌的废除不平等条约运动。20世纪20年代前期,北洋政府利用一战后世界形势缓和、国际关系调整的有利时机,开始了以修改不平等条约为目的的"修约外交"。国民党继承了北洋政府的修约外交,并进行修改订立新约运动。1943年,中美、中英订立新约,取消美英两国在华治外法权和其他特权。之后,至1949年,其他相关国家相继宣布放弃在华特权,与中国政府签订了新的平等互惠条约。至此,自1842年《南京条约》以来束缚中国近百年的不平等条约基本被废除了。另一方面,中国积极参加国际会议和加入国际公约。晚清时期,从1894年到1909年,中国参加了20个国际公约;民国时期,从1912年到1947年,中国参加了97个国际公约。

通过参加第一次世界大战、巴黎和会、华盛顿会议和第二次世界大战等,中国的"文明"程度不断提高,在国际体系中逐渐得到认可。至二战结束,中国不仅是战胜国之一,而且在创建联合国的过程中发挥了重要作用,第一个在《联合国宪章》上签字,取得了和西方列强完全平等的国家资格;并位列安理会五大常任理事国之一,在联合国的主要司法机构国际法院中也占有一席,最终确立了中国的世界大国地位。中国还积极参与战后世界秩序的重建,包括签署《国际货币基金组织协定》《国际复兴开发银行协定》和《关税与贸易总协定》(GATT),以及《国际民用航空协定》(芝加哥协定)等。"文明化"和"大国化"的目标基本实现。

参加国际会议,加入国际公约,废除不平等条约,表明中国终于进入了渊源于欧洲的世界体系和国际法律秩序,享有了和其他国家一样的平等主权。

3.中国人的全球构想

随着国际形势的变化及西方资讯的流入,到了19世纪80年代以后,中国已有舆论及知识分子尝试探索加入国际社会组织及建构新世界组织的可能性等问题了。

（1）陈虬的"大公法会"构思

最先提出成立国际组织的似乎是来自浙江的陈虬。他提出了设立世界组织以维持和平的方案:联五洲设一大公法会于印度,主持公法,取其地居东半球之中也。陈虬没有具体说明这个"大公法会"如何组织、如何运作,又如何构建一个新的世界秩序。在另一篇文章里,他说明了他的蓝图实际上是以"公法"（国际法）维持的大同世界。在陈虬所构想的世界里,东西地球设文武二监（王）,文监宣文在印度,武监靖武驻美国。世界秩序是以"公法"规范,而执行"公法"规范以维持和平的则是由武王率领的世界军队。

（2）郑观应的"公会"论

郑观应笔下的"公会",是一个不分国家大小强弱合而为一的世界秩序,由在其上者推举出地位最重要、国势最强盛的盟主国。"公会"内之国防,按各国之人口及生产力分布,由各国间选统领率领,并推选出智勇兼备、德望素著者为总统帅。各国又各派使节一人,驻于盟主之都,遇事商议,又合选派数人报聘。并规定了具体的纷争解决方法。郑观应所构思的"公会",参照了西方的安全保障政策,援用了春秋时代天子、霸主与诸侯的会盟制,并包含着如陈虬一类的大同思想,强调地域集体安全保障的世界秩序。

由此可见,对未来和平乌托邦的构想,虽然没有形成一个社会上广泛讨论的议题,成为当时的政治话语,但是中国知识分子似乎从来就没有中断过在西方国际法的框架下探讨国际社会世界大同的尝试。学者鲁纳指出,如此一来,国际法便作为一种框架,从愿景和展望两方面,框定了中国在国际社会中的未来。

由是观之，在中华世界秩序失序的过程中，中国人开始寻找另一种秩序以理解和适应当前的国际社会，最终找到了国际法，并从国际法秩序中找到了理性、规范、普遍性、道德性和拘束力；中国将国际法原则（尤其是主权平等）理解为世界秩序框架，在"大国化"及"文明化"两大方向下加入国际社会，并按照国际法的标准建构国际社会认同的"文明国"。

（二）"治外"之中国

1949年中华人民共和国的成立，标志着中国进入一个新的发展时期。但中国面临的最重要的政治和社会现实是社会主义国家和西方之间的意识形态与军事冲突。

和平共处五项原则的提出与完善是"另起炉灶"的丰硕成果，相当程度上是中国的全球治理观在当时的一种现实表达。和平共处五项原则的宣布是中华人民共和国成立后对国际法的发展做出的主要贡献之一。基于中国丰富的国际法实践与经验，首先在中印、中缅双边条约中宣布的和平共处五项原则，先后经过万隆会议和其他国际法律文件的发展与确认，得到了国际社会的广泛认可。和平共处五项原则很大程度上是对体现于《联合国宪章》之中国际法基本原则的重申。它既是中国开展对外交往的基础，也是构成现代国际法的基本原则，并将成为新的国际秩序形成的基石。20世纪50年代，和平共处五项原则的提出主要是为了应对美国在国际上孤立中国而努力争取和广大与第二和第三世界建立外交关系。随着20世纪70年代末独立自主和平外交的开展，和平共处五项原则开始适用于全世界。此后，主权原则仍是和平共处五项原则的核心，世界和平、与其他国家的友好合作以及促进共同的经济繁荣也受到越来越多的重视。

综上所述，第一，迫于形势，中国对当时世界秩序总体上持批判态度，谋求通过自身和与其他友好国家的合作，为不合理秩序的改变做出了努力。第二，中国对当时国际法体系采取辩证立场，重视、尊重其中符合中国国家利益的合理部分。第三，中国强调主权原则，注重运用国际法基本原则维护国家主权和领土完整、维护民族独立和国家尊严。第四,一段时间内,中国想通过努力一定程度打破既有世界秩序和国际法体系,建立新的更符合自身利益要求和未来构想的新体系。和平共处五项原则的提出就是破旧立新的初步尝试和集中体现,也是对国际法律秩序的重大贡献。第五,中国在一系列的国际法问题上,如对承认、继承、国籍、领土、条约、使领馆制度、和平解决争端等方面,都有新的创造,对国际法的发展做出了贡献。

(三)"治中"之中国

1971年联合国大会第2758号决议决定恢复中华人民共和国在联合国的一切合法权利,从政治上、法律上、程序上公正彻底地解决了中国在联合国的代表权问题。这标志着中国在政治上正式获得了以联合国为中心的现行世界秩序和国际法律秩序的接受和认可,是中国进入现有全球治理体系的起点。1972年,美国总统尼克松访华,中美关系出现历史性转机。中美和解给国际政治格局带来了深远影响,也为中国重新确立在世界秩序中的坐标创造了前所未有的机遇。

1.逐步参与全球事务

联合国代表权问题解决后,中国对西方主导的国际社会的传统态度相应作了较大调整,积极寻求参与或加入几乎所有重要的全球或区域性国际组织,缔结、加入或批准重要的国际公约,出席重要的国际会议,渐次参与到各项国际事务中去。

1972年开始,首先在社会、文教、卫生等领域,中国和承担了相应国际责任的联合国专门机构(如国际电信联盟、万国邮政联盟、国际海事组织、世界卫生组织和世界气象组织等)迅速实现了正常往来;和一些区域性国际组织,如欧洲共同体、东南亚国家联盟、阿拉伯国家联盟和非洲统一组织等也很快建立了双边关系。改革开放以后,这种联系扩大到劳工、金融、投资、贸易、安全、不扩散、裁军、外空、环境、体育等几乎所有领域负有国际责任的组织,并逐渐在这些组织中发挥重要作用。冷战结束后,中国逐渐成为其所有可以参加的重要的全球性和区域性国际组织的正式成员或与这些国际组织建立了的联系。从形式上,中国第一次在几乎所有的全球治理领域展示了她的存在。中国人的身影也开始或重新开始在一些国际组织和机构的重要职位出现,尤其是一些著名的国际法律机构,如国际法院、联合国国际法委员会、常设国际仲裁院、联合国海洋法法庭和联合国的其他法庭等。

2.坚决加入世界贸易组织

2001 年 12 月 11 日,中国正式成为 WTO 的第 143 个成员。一方面,世贸组织的基础是一套约束性的规则,是协商一致确定的,可借助争端解决机制来强制实施。中国加入世贸组织不仅标志着它作为一个新兴全球经济大国的地位得到正式承认,而且还标志着中国朝市场自由化发展和融入全球经济的不可逆转的趋势。另一方面,对创建一个"世界"贸易组织而言,中国加入世贸组织比发起新一轮贸易自由化谈判还重要。中国入世无论对世贸组织,还是对国际经济、政治与安全都是一个决定性的时刻,对这个世界的影响不会只局限于 21 世纪。

2001 年中国加入 WTO 是中国参与全球治理的标志性事件,表明中国已经完全接受在世界经济事务中国际经济组织的重要性,完全接受以联合国和布雷顿森林体系为代表反映政治经济实力对比的现有国际体系,同时也为中国参与全球治理提供了可能性和巨大的平台。全球治理中的中国,在实质性参与的道路上迈出了坚实的一步。

3.有效应对经济危机

在 2008 年国际金融和经济危机中,一方面,中国充分运用其国内的体制优势,比其他主要经济体更快速地作出决策,及时救市,利用这个机会转变经济增长模式,调整产业结构,拉动内需,率先从危机中走出,实现了经济贸易的持续增长。早在 2010 年,中国的 GDP 总量就超过日本,仅列美国之后。另一方面,中国不仅出席所有全球层面的二十国集团(G20)峰会,而且就改善国际金融治理和加强全球治理提出了系统完整的政策主张,呈现出国际体系改革者和国际规则制定者的新面貌,令世界侧目。面对危机,中国的有效应对提高了她作为全球经济拯救者的形象。于是,她所提出的关于改革国际经济秩序的设想也受到了更大关注。中国以有效措施和实际行动,帮助东亚国家走出危机,带领亚洲率先从经济危机中复苏,同时加快了世界经济重心向东方转移的步伐。

经济危机推动了二战以来全球经济治理的重大变革,新兴经济体的整体崛起和欧美的相对衰落是这次变革的最重要特点。中国更是以前所未有的主动和积极态度参与其中,在全球经济治理中的地位得到明显提升。

4.积极参与全球治理

全球化时代,国家间相互依存与相互联系的程度空前加强,逐渐形成"你中有我,我中有你"的命运共同体格局,所以面对当前日益增多的全球性问题,中国提出了构建人类命运共同体的理念。2012年,党的十八大报告提出要倡导"人类命运共同体"意识,这是人类命运共同体理念首次载入党的重要文件。2013年3月,习近平总书记在访问坦桑尼亚时谈到:"这段历史告诉我们,中非从来都是命运共同体,共同的历史遭遇,共同的发展任务,共同的战略利益把我们紧紧联系在一起。"2015年,习近平总书记在纽约联合国总部发表重要讲话指出,"构建以合作共赢为核心的新型国际关系,打造人类命运共同体",并从伙伴关系、安全格局、发展前景、文明交流、生态体系五个方面提出了要求,形成了人类命运共同体的"五位一体"总路径和总布局。2017年伊始,在日内瓦,习近平总书记发表了《共同构建人类命运共同体》的演讲,提出建设"持久和平、普遍安全、共同繁荣、开放包容、清洁美丽的世界",这进一步阐释和完善了人类命运共同体的理念。2017年10月18日,习近平总书记在十九大报告中提出,坚持和平发展道路,推动构建人类命运共同体。同时倡导构建人类命运共同体,促进全球治理体系变革。

在2019年6月举行的G20大阪峰会上,习近平总书记发表题为《携手共进,合力打造高质量世界经济》的重要讲话,再次发出维护和完善全球治理体系的强音,强调二十国集团要坚持改革创新,挖掘增长动力;坚持与时俱进,完善全球治理;坚持迎难而上,破解发展瓶颈;坚持伙伴精神,妥善处理分歧。习近平宣布中国将进一步开放市场,努力实现高质量发展,为创造世界经济更加美好的明天不懈努力。为此,中国将进一步开放市场、主动扩大进口、持续改善营商环境、全面实施平等待遇、大力推动经贸谈判,其中包括发布2019年版外资准入负面清单,进一步扩大农业、采矿业、制造业、服务业开放,新设六个自由贸易试验区,增设上海自由贸易试验区新片区,加快探索建设海南自由贸易港进程;进一步自主降低关税水平,努力消除非关税贸易壁垒,大幅削减进口环节制度性成本;实施新的外商投资法律制度,引入侵权惩罚性赔偿制度,增强民事司法保护和刑事保护力度,提高知识产权保护水平;全面取消外资准入负面清单之外的限制,建立健全外资企业投诉机制;推动早日达成《区域全面经济伙伴关系协定》,加快中欧投资协定谈判,加快中日韩自由贸易协定谈判进程等重大举措。

三、全球治理中中国国际话语权建设的必要性

(一)全球治理体系改革的需要

1945年以后,国际社会较长时间内处于"一超多强"的局面,欧美发达国家在国际规则设定以及国际事务处理方面拥有话语权优势,近年来,随着新兴国家的崛起,东西方势力发生了相对变化,新兴国家对于全球的经济贡献逐渐增大,也提供了越来越多的全球公共物品,然而新兴国家在参与全球治理过程中并未取得相应的话语权提升。

有学者提出,全球治理是在无政府状态下,国际行为体通过国际制度建立某种契约关系,对于公共产品赤字和治理赤字进行处理。因此,要想使全球治理得以正常顺利进行,需要各个国家携手共进,借助国际组织、国际规则达成契约关系,实现合作共赢。随着全球的权力结构发生改变,欧美发达国家的既得利益与话语权优势相对减弱,全球治理改革诉求不断提升,而在改革的过程中,发展中国家需要提升话语权,作为最大发展中国家的中国,有责任并有义务在参与全球治

理过程中提升国际话语权,不仅可为广大发展中国家赢得更多的发言权利,也为全球治理体系改革奉献一份中国力量。

在国与国联系日益紧密的当今时代,全球性问题不断滋生,局部热点冲突事件频发,公共卫生安全、气候变暖、网络安全、金融体系不稳定等非传统安全问题加剧,传统安全与非传统安全问题纷繁交杂。因具有突发性、不确定性、不可控性等特点,部分全球问题无法得到有效解决。联合国安理会、世界贸易组织等权威性国际组织在处理议题时程序复杂,耗费时间长,时效性低,而对于新兴领域如网络犯罪、太空空间等问题,未能出现及时的解决措施和制定相应的国际规则,全球治理亟须改革。在百年未有大变局的今天,部分国家奉行单边主义,但全球问题与每个国家息息相关,某些国家的特立独行不但不利于世界秩序的稳定发展,还有可能损害本国人民利益。作为国际社会中的重要一员,中国不断为全球治理注入新动力,竭力提供中国方案,贡献中国智慧,发出中国好声音。2016年,中共中央政治局9月27日下午就二十国集团领导人峰会和全球治理体系变革进行第三十五次集体学习,中共中央总书记习近平提出:"要提高我国参与全球治理的能力,着力增强规则制定能力、议程设置能力、舆论宣传能力、统筹协调能力。"在参与处理国际事务时,在为全球治理改革献力时,中国提升国际话语权一方面有利于巩固中国在国际社会的大国地位,另一方面有助于维持世界秩序的稳定,为世界和平发展注入中国力量。

(二)实现中华民族伟大复兴的需要

习近平总书记早在2012年11月29日参观《复兴之路》展览时就指出:"每个人都有理想和追求,都有自己的梦想。现在,大家都在讨论中国梦,我以为,实现中华民族伟大复兴,就是中华民族近代以来最伟大的梦想。这个梦想,凝聚了几代中国人的夙愿,体现了中华民族和中国人民的整体利益,是每一个中华儿女的共同期盼。"中华民族从之前的饱经磨难到逐渐走上繁荣富强之路,离不开中国共产党的领导,离不开全国人民的不懈努力,为了实现中华民族的伟大复兴,中国不仅需要提升硬实力,在软实力如国际话语权层面也应得到一定程度的提升。

改革开放以来,中国的综合实力显著提高,在国际社会中的地位也随之提升,在参与全球治理过程中,积极提升中国的国际话语权,讲好中国故事,是实现中国梦的需要,也是推进国际共产主义运动的需要。在中国广泛参与国际事务时,实现中国梦不仅仅是实现中国人民的梦,也是实现"一带一路"沿线各国人民的梦,中国梦是和平的梦,也是世界的梦。

中国自提出"一带一路"倡议以来,秉持"共商,共建,共享"原则,愿与"一带一路"沿线国家同呼吸、共命运,让其搭上中国发展之便车,有助于提升发展中国家在国际社会中的话语权。中共中央政治局2016年4月29日下午就历史上的丝绸之路和海上丝绸之路进行第三十一次集体学习。中共中央总书记习近平提出:"在新的历史条件下,我们提出'一带一路'倡议,就是要继承和发扬丝绸之路精神,把我国发展同沿线国家发展结合起来,把中国梦同沿线各国人民的梦想结合起来,赋予古代丝绸之路以全新的时代内涵。"因此,在实现"一带一路"沿线国家梦想的进程中,寻求中国国际话语权的提升可有效推进中国梦的实现。

长期以来,中国就是一个爱好和平的国家,坚持不称霸,倡导国家之间和平共处,合作共赢。在参与全球治理的过程中,中国也积极提出体现和平的新理念、新智慧,力求造福于世界,为实现世界和平之梦贡献中国力量。习近平总书记在2015年10月22日伦敦金融城市政厅的演讲中指出:"中国梦是中国人民追求幸福的梦,也同各国人民的美好梦想息息相通。中国的发展必将寓于世界发展潮流之中,也将为世界各国共同发展注入更多活力、带来更多机遇。"在国际社会中,中国的发展离不开世界,世界的发展也离不开中国,在参与全球治理过程中,中国积极提出体现中国特色社会主义的方案,不仅有利于实现中国梦,也有助于实现世界人民的梦想,此过程需要中国国际话语权的提升作为催化剂来加速中国梦和"世界梦"更加紧密地联系在一起。

(三)中国作为负责任大国的需要

从中华人民共和国成立到百年未有之大变局的今天,中国在国际社会的角色随着国家实力的增强而不断变化,由最初国际社会中的追随者到参与者再到如今的引领者,中国的国际角色发生了显著的变化。随着中国的崛起,中国以一个负责任大国的形象出现在国际社会。在全球问题纷繁交杂的当今时代,中国离不开世界,世界也离不开中国,全球治理需要中国的参与,需要中国体现大国的责任与担当,而中国国际话语权的提升必将增强中国参与全球治理的能力,为全球治理贡献更多的中国智慧。

全球化时代,国家之间的相互联系越来越紧密,利益相关度也越来越高。全球治理问题凸显,国家不论大小、强弱、贫富都是国际社会中的一员,均有义务承担相应的责任,而大国承担的份额相对来说也就更大。中国地域辽阔,近年来,国家实力增强,政治地位也逐步提高,不论是"最大发展中国家"还是"负责任大国"的身份定位,都体现了中国主动承担国际责任,同时,在全球治理过程中,世界也对中国有了更深入的期待和要求。

中国作为一个负责任的大国在1997年亚洲金融危机和2008年全球金融危机中表现得尤为突出。在这两次金融危机中,中国分别以"亚洲地区大国"与"全球发展中大国"的身份参与治理,提出了解决危机的有效方案。在亚洲金融危机中,中国对于东南亚国家施以援助之手,承诺人民币不贬值,推动国际金融合作,扩大内需,刺激国内经济增长,为亚洲经济复苏献出了中国力量,得到了亚洲国家的充分认可,充分体现了一个负责任大国的责任与担当,也极大地提升了中国在全球治理中的国际话语权。2008年的金融危机影响大、范围广,对于全球经济发展产生了重大影响。中国在此次危机中采取灵活的货币政策,并提出四万亿人民币的基础设施投资计划,促进与其他国家的合作,在此次全球性危机中尽显大国责任,赢得了国际社会的高度赞赏,提升了中国在全球金融治理方面的话语权。

在全球公共卫生治理方面,中国负责任大国的担当也得到了充分的体现。2020年伊始,新冠肺炎疫情不仅肆虐中国,更在全球蔓延。突如其来的病毒似乎让世界人民感受到人类的渺小,更是对各国的公共卫生治理水平以及全球治理体系提出了重大考验。疫情发生以来,在以习近平总书记为核心的党中央的领导下,新型冠状病毒在中国国内得到了有效控制,中国阻断传染路径,封城、封路,修建医院,数万医护人员与志愿者逆行于一线与疫情抗争,在抗疫防控过程中,体现出了中国速度、中国精神、中国力量。当病毒肆虐至全世界时,中国也主动承担起大国责任,参与全球疫情防控治理,并对多国伸出援助之手。对于在疫情初期伸出援助之手的日韩两国,中国"投桃报李",向其提供口罩、防护服等医疗物资。对于"一带一路"沿线国家意大利与伊朗,中国是第一个主动给予意大利帮助的国家,为其提供医疗物资并派遣医疗队伍前去援助。中国对于疫情严重的伊朗也是积极主动地提供帮助,不仅援助医疗物资,并主动分享防控经验。中国以构建"人类命运共同体"的理念为指导,强调面对新冠病毒这个看不见的敌人,世界各国应该团结合作,携手共同抗击。正如2020年3月21日习近平总书记致电法国总统马克龙,就近期法国发生新冠肺炎疫情,代表中国政府和中国人民,向法国政府和人民表示诚挚慰问。习近平总书记在慰问电中指出:"公共卫生安全是人类面临的共同挑战。中国政府和人民坚定支持法方抗击疫情努力,愿同法方加强合作,在互帮互助中,共同打赢疫情防控阻击战。中法同为联合国安理会常任理事国,共同负有守护全人类生命安全的重要责任。中方愿同法方共同推进疫情防控国际合作,支持联合国及世界卫生组织在完善全球公共卫生治理中发挥核心作用,打造人类卫生健康共同体。"由此可见,中国在国际抗疫中负责任大国的担当赢得了世界的尊重。

四、中国参与全球治理的措施

（一）实行本土上的"跨国合作"方式

全球治理原本是诸多行为体在全球层面和跨国层面通过对话、协商以及合作来应对全球问题、管理人类公共事务。中国已经参与并将更加积极地参与国际社会的诸多治理活动。但由于主要是以国家或政府的身份出现，因而对中国而言全球层面的全球治理似乎与原来的国际治理并无区别。而国内日益增多的跨国合作，却为中国勾勒出一个全球治理的崭新视角，即全球治理从模糊的全球层面内化为清晰的国家层面。

国家层面的全球治理以跨国合作的存在为前提，也就是说，只有在一国之内存在某些领域的跨国合作，才能视其为全球治理。而只有国家、国际政府间组织和全球公民社会三大主体共同参与的合作，才称其为跨国合作，同时也才满足国内层面的全球治理的要求。如果仅有国家间或国家与政府间国际组织的合作，那只是传统意义上的国际合作。

（二）建立与世界互动的价值关系

一个属于"国际体系"的国家却不一定属于"国际社会"。国际社会的成员与国际体系的成员的重要区别之一是前者中成员分享着共同的观念、价值与规则，后者则不一定。经济力量的重要性不言而喻，但价值力量可能会被一定程度地忽视。在经济和社会变化的影响下，如何在全球化趋势下重建中国与世界的共同价值是当前的一大任务。中国若要在全球治理中发挥更出色的作用，必须通过与外部建立具有进取性、认同性和共享性的价值关系来影响和贡献世界。

（三）培育公民社会，建设基层民主

中国关注全球治理与全球公民社会的互动，并在可能的条件下参与国际非政府组织和全球公民运动的活动，但这毕竟有限。因为这要求非政府组织有全球的视野与目标，具备与全球公民社会对话、合作的能力，并能在某些问题与领域上影响全球公民社会的治理活动，而

这样的组织在中国还非常少。造成这种状况,既有体制和政策上的制约,又与中国公民社会自身的发展远未成熟相关。所以现实的选择就是在因内层面的全球治理中,有意识地培育公民社会,加强基层民主建设,提升公民的公共精神和参与能力。

培育国内的公民社会是发展全球公民社会的基础,也是切实推进全球治理的保障。对于当代中国而言,尽管伴随着市场经济的发展与政府职能的转变,公民社会的培育具备了前所未有的空间,但公民社会依旧弱小,而且很不规范。所以,尽可能把公民社会的力量吸引到国内层面的全球治理,使它们在治理中国的全球问题的跨国合作中得到锻炼,增长才干,提高民主参与的自觉性与社会责任感,强化自身的组织力与影响力,无疑是促进中国公民社会成长的一条有效途径。

同时中国视野中的全球治理也指向基层民主的建设。基层民主指的是中国广大农村与城市居民所能直接感受并行使的民主。在这方面,扩大公民的直接选举权是最有力也是最为人们所知的举措,它涉及县以下人民代表、乡镇长、村民委员会以及居民委员会的产生。虽然这种公民选举权与全球治理并无直接关系,但它所体现的民主参与精神却是同全球治理相一致的。扩大基层民主的另一举措则是推进社会自治,而社会自治恰恰是全球治理的精髓。中国目前实行的公民自治主要体现在农村村民自治、城市社区自治和行业自治三个领域。正是这些领域的社会自治,培养着有参与意识和能力以及尊重对话、协商规则的公民。然而不要忘记,社会自治的组织基础在很大程度上是由国内公民社会奠定的。换言之,公民社会越成熟,社会自治的要求越强烈,从而就会导致社会自治范围的扩大与程度的提高,为全球公民社会奠定坚实的基础。

(四)努力构建"和谐世界"的全球新秩序

全球化给国际关系带来了前所未有的冲击,世界更加迫切需要和平与繁荣,而建立"和谐世界"则是通向这一目标的有效路径。过去的一年中,在许多重要和庄严的国际场合,中国领导人都提出和强调建设"和谐世界"的主张。

相对于中国国内伟大的"和谐社会",在国际层面上就是"和谐世界"。"和谐世界"论述可以看作是中国官方提出的"全球治理"版本,是理想的现实主义。其主旨是创造普遍发展、共同繁荣与持久和平的世界,这与《联合国宪章》等普遍性国际组织的宗旨完全一致,是对联合国精神与原则的丰富和贡献。

"和谐世界"论述实际上是从"全球治理"的角度指出了如何面对全球化挑战、管理全球化以及建设全球新秩序的思路。它包括以下几点:第一,坚持包容精神,承认世界文明的多样性,促进国际关系民主化,共同构建和谐世界。第二,倡导多边主义,实现共同安全。通过协商与对话解决国际争端,坚持把联合国当作全球安全机制的核心。第三,通过开放、公平、非歧视的多边贸易体制,加强与其他发展中国家的全面合作,共同努力使21世纪真正成为"人人享有发展的世纪"。第四,通过改革加强联合国建设。作为应对全球挑战的主体,改革后的联合国一定会有力、有效地应对全球威胁。第五,积极促进和保障人权,使人人享有平等追求全面发展的机会和权利。中国一直主张通过谈判手段和平地解决国际冲突。如果外交失败,中国不主张诉诸武力。这体现了中国在全球化下对不干涉内政原则的新理解。中国不是抽象地反对一切国际干涉,而是反对不具有合法性的强行干涉,反对非法地任意使用武力。

"和谐世界"理念的提出,推动中国外交迈入了新的时代,并赋予了新时期中国外交新的内涵:倡导国际的友好往来,维护文明的多样性,促进国际关系的民主化。"和谐世界"理念被认为是中国在20世纪90年代中期提出的"负责任大国"的延伸和发展,因为它更加明确了中国在全球治理中的国际责任——作为世界的中国,把自身的发展与人类共同进步联系在一起,既充分利用世界和平发展带来的机遇发展自己,又以自身的发展更好地维护世界和平、促进共同发展。其实,中国的发展已经成为促进世界和谐的重要因素,而"和谐世界"理论的提出将更积极地协调了中国与世界的关系。

中国是"和谐世界"论的倡导者,也必将是和谐世界的主要实践者。现在中国外交的关键是怎样把中国的发展变成更大的合作空间。虽然保持了20多年的经济持续增长,但中国仍然是发展中国家,未来十余年将仍然是中国的机遇期。要把握这样的机遇,既需要和平稳定,也需要继续从互利合作中获取可持续发展所需要的资本、技术、资源和市场。

可见,"和谐世界"是关于全球治理新秩序的中国主张,是在世界变化新现实和趋势下的中国世界观。

(五)加强国际话语权的建设

1.从中国引领全球议题角度分析

(1)积极创设全球议题

权力可以建构话语,同时,话语有利于权力的建构。当一个国家的综合实力强大,其在国际社会中的话语权也就处于优势地位,当一个国家在国际舆论环境中话语拥有很大影响力时,也可以促进新的权力建构。在当今的全球化时代,一个国家的国际议题设置能力成为了衡量国际话语权大小的重要标准。中国在参与全球治理过程中,要想提升国际话语权,就不得不着重强调在国际事务中的议题设置能力。

在传统安全与非传统安全纷繁交杂的国际社会,无政府状态使得国际社会不像国内政治一般统一决策。因此,一个国家在国际社会的议题设置能力即决定了该国家话语是否得到了国际认可与关注,话语施行者的话语内容是否得到了有效反馈。冷战结束后,中国的综合实力不断提升,在国际事务中的参与权也随之提升,但是在议题设置方面中国仍然处于弱势地位,尤其是与西方大国相比,中国的议题设置能力与实力发生错位。在党的十八大之后,中国从之前的参与者逐渐转换为全球治理中的引领者,积极推出新理念,促进全球治理体系的改革。

有学者认为,国际议题设置是相关行为体将其关注或重视的议题列入国际(全球)议程,获得优先关注的过程。在国际舞台中,议题设置无疑是权力的第二张面孔。它决定了什么议题可以进入国际议程,什么议题被排除在国际议程之外。在西方原有治理体系失灵的今天,中国要积极创设并推进有利国际议题,就国际社会广泛关注的事务发出中国好声音,不断地提出中国方案,由此体现中国作为一个负责任大国的国际贡献。在和平与发展仍然是时代主题的全球化时代,在世界和平仍然是国际社会民众们生活愿望的新世纪,中国要积极提出体现引领世界健康和平发展的新理念、新方案,方可在全球治理过程中提升中国的国际话语权,反过来也为中国在全球治理中发挥更大更积极的作用打下基础。

(2)推进并扩展已有议题或话题

在某些领域的已存在议题或话题,如关于技术转让、贫富差距等问题,中国的国际话语权处于劣势地位,并未进一步扩展或者延伸。国际合作中国家间如何处理企业转让技术问题已引起了公众们的注意力。若中国在这些已有的议题上进一步扩展或者拓宽,并通过新闻媒体、报章杂志等话语平台传播,如果得到一定的响应或者互动,则表明取得良好的话语反馈效果,即可进一步提升中国在国际社会的话语地位。有学者表示,若某一个全球性议题或话题已经在国际社会上出现过,说明该议题或者话题曾经在一定程度上引起了公众们的关注。因此,中国在参与全球治理的过程中,需要积极推进并扩展已有的议题或话题,引起公众们的注意力,并有望取得积极回应,有利于提升中国的国际话语权。

中国提出的"一带一路"倡议以"共商、共建、共享"为基本原则,体现了中国以开放包容的姿态与胸怀欢迎来自世界各地的朋友,旨在提高发展中国家在国际社会中的发言权,也表明中国愿与全世界同呼吸,共命运。该倡议自2013年提出,在其推进过程中,受到了世界民众的广泛关注。作为"人类命运共同体"的重要平台,"一带一路"倡议已然作为全球性议题在国际社会上受到关注,因此中国应该对于这一已有议题进行进一步宣传,使之成为被广泛接受的公共议题。对此,以习近平总书记为核心的党中央在多个场合强调"人类命运共同体",意在推动国家间合作共赢,指出该理念追求"和而不同",中国坚持倡导和平外交,也绝不称霸,这些国际话语表达都在一定程度上回应了西方民众对于中国提出的全球性议题的关注点、困惑点,并找准了聚焦问题的切入点,让国际社会对于中国方案有了更真实客观的了解,有助于在全球治理过程中提高中国的影响力,提升中国国际话语权。

2. 从话语内容角度分析

(1)坚持与发展科学的国际观

随着中国的快速发展,中国在国际社会的地位也受到更多的肯定和认可。中国在参与全球治理过程中面临着国际话语权方面的竞争,在大国形象与国际话语权处于不对等的情况下,为提升中国的国际话语权,中国需要坚持与发展科学的国际观,积极提出被国际社会充分认可的国际观。

发展科学的国际观是中国提升国际话语权的重要基础,将科学的国际观融入中国在参与全球治理过程中提出的中国方案、中国智慧,有利于进一步提升与扩展中国的国际话语权,有助于树立中国的负责任大国形象。党的十八大以来,习近平总书记在多个场合强调提升中国国际话语权的重要性,在近年来的外宣工作会议上,习近平总书记也指出由于文化差异、受众不同等原因,中国需要精心构建对外话语体系,为了讲好中国故事,融通中外是构建对外话语体系的关键。2014年11月28日至29日,中央外事工作会议在北京举行。习近平总书记在会上发表重要讲话,他讲道:"要争取世界各国对中国梦的理解和支持,中国梦是和平、发展、合作、共赢的梦,我们追求的是中国人民的福祉,也是各国人民共同的福祉。"习近平总书记的讲话指出中国在国际社会参与国际事务时会坚持合作共赢,将中国梦与世界人民联系在一起,表明中国梦的实现同样也会造福于世界。2018年7月25日,习近平总书记在金砖国家工商论坛上表示:"要坚定支持多边贸易体制,继续推进全球经济治理改革,提高新兴市场国家和发展中国家的代表性和发言权。"作为世界上最大的发展中国家,中国在参与全球治理过程中积极提升广大发展中国家和新兴国家的话语权,有利于推进全球治理改革的进程,也再现了以习近平总书记为核心的党中央坚持发展科学的国际观,展现中国的负责任大国形象。

"全心全意为人民服务""一切为了人民""党始终代表最广大人民的根本利益""人类命运共同体"等话语表达,都体现了中国倡导的"以人为本"理念。在中国参与全球治理过程中,把"以人为本"的理念融入中国的对外话语体系中,将会促使外国民众对中国参与全球治理中理论与实践层面更深的了解与认可,也有助于提升中国的国际话语权。

(2)立足于中国优秀的传统文化提升话语内容质量

在《习近平总书记系列重要讲话读本(2016年版)》中,习近平总书记指出,提高国家文化软实力,关系我国在世界文化格局中的定位,关系我国国际地位和国际影响力,关系"两个一百年"奋斗目标和中华民族伟大复兴的中国梦的实现。

当今世界处于大发展、大变革时期,文化作为一国的软实力部分扮演越来越重要的角色,因此中国在参与全球治理过程中,在提升中国国际话语权过程中,必须立足于中国的优秀传统文化,从而提升中国对外传播话语内容的质量与影响力、吸引力。

中国作为一个有着悠久历史的文明古国,中华传统文化底蕴丰富而深厚。"和而不同""先义后利""穷则独善其身,达则兼济天下""仁爱"等优秀传统文化源远流长,将个人利益置于群体利益之后,宣扬个人应该识大体、顾大局,强调群体优先,倡导"先天下之忧而忧,后天下之乐而乐"。

早在2013年11月26日,在山东曲阜考察时,习近平总书记指出:"一个国家、一个民族的强盛,总是以文化兴盛为支撑的,中华民族伟大复兴需要以中华文化发展繁荣为条件。对历史文化特别是先人传承下来的道德规范,要坚持古为今用、推陈出新,有鉴别地加以对待,有扬弃地予以继承。"中国在不断崛起的过程中,要以科学、客观的态度对待传统文化和西方文化,将优秀的传统文化与当代先进的中国特色社会主义文化结合起来以求顺应时代发展潮流。中国在对外话语传播过程中,对自身文化坚定信心,以优秀传统文化为基础,打造具有中国特色而又符合现代表达方式的国际话语,提升中国国际话语质量,使中国好声音充满中国特色又不失魅力,促进海外民众对中国国际话语的接受、理解与认可,由此促使话语内容能得到有效的反馈,从而提升中国的国际话语权。

(3)秉持对外开放与独立自主

2018年4月10日,习近平总书记在博鳌亚洲论坛2018年年会开幕式上发表主旨演讲:"实践证明,过去40年中国经济发展是在开放条件上取得的,未来中国经济实现高质量发展也必须在更加开放条件下进行。中国开放的大门不会关闭,只会越开越大。这是中国基于发展需要所作出的战略抉择,也是在以实际行动推动经济全球化造福世界各国人民。"2018年11月17日,习近平总书记在亚太经合组织工商领导人峰会上发表主旨演讲:"历史已经证明,只有坚持开放合作才能获得更多发展机遇和更大发展空间,自我封闭只会失去世界,最终也会失去自己。"

全球化时代,在各国联系越来越紧密的情况下,国家间的相互依赖性越来越高,党的十八大以来,以习近平同志为核心的党中央坚持对外开放,发展开放型经济,敞开中国的大门欢迎来自世界各地的朋友,中国在参与全球治理过程中奉行互利共赢的开放战略,做经济全球化的倡导者、支持者、推动者,不断为全球治理提供新思维和新动能。中国领导人在多个场合提及中国的对外开放战略,不仅表明中国在和平崛起过程中会敞开胸怀拥抱世界,而且会进一步提升中国在国际社会的话语权。

2013年12月26日,习近平总书记在纪念毛泽东同志120周年诞辰座谈会上讲道:"坚持独立自主,就要坚持中国的事情必须由中国人民自己作主张、自己来处理。世界上没有放之四海而皆准的具体发展模式,也没有一成不变的发展道路。历史条件的多样性,决定了各国选择发展道路的多样性。人类历史上,没有一个民族、没有一个国家可以通过依赖外部力量、跟在他人后面亦步亦趋实现强大和振兴。那样做的结果,不是必然遭遇失败,就是必然成为他人的附庸。"习近平总书记的讲话表明中国坚持独立自主需要具备以下几个特点:其一,中国作为国际社会的大国,不能依赖其他国家,要增强自身在经济、科技、军事等方面的实力,在物质基础方面需具备独立自主性;其二,在实现中国梦的征程中,中国需要坚定"四个自信",在精神层面独立自主,构建核心价值体系;其三,在参与国际事务时,中国需要有自己的立场,坚守公道,独立自主地参与全球治理;其四,中国需要坚定文化自信,传播中国好声音,讲好中国故事,丰富对外话语体系。

独立自主作为毛泽东思想的活的灵魂,在中国特色社会主义道路上,在中国和平崛起征程中,在中国实现中华民族伟大复兴路途上,中国需要坚持独立自主,把握独立自主这一兴党兴国之本,通过对外开放更好发展自己,进而在参与全球治理过程中提升中国国际话语权。

3.从话语传播角度分析

(1)传统媒体与新兴媒体优势融合

在当今国际舆论环境中,西方主流媒体具有压倒性优势,其国际话语不仅有大量受众,而且可产生巨大影响力,由此使得以美国为首的西方国家在参与国际事务中具有话语优势。当今网络时代新闻、消息的快速传播有助于世界各个地区的民众越来越紧密地联系在一起,将不断崛起的新兴媒体与传统媒体融合利用则有利于提升国家的国际话语权。

当今的互联网时代,以报纸、杂志、电视、广播等形式的传统媒体产业下滑,绝大多数公众均是通过手机、电脑等移动设施来获取外界信息,较少利用传统媒体。2014年8月18日,中央全面深化改革领导小组第四次会议审议通过的《关于推动传统媒体和新兴媒体融合发展的指导意见》表明,需将传统媒体与新兴媒体优势互补,推动二者在内容、平台、管理、经营等方面的融合。中国在对外话语传播过程中,话语权与大国形象不对等,利用好传统媒体与新兴媒体,促进中国在参与全球治理过程中国际话语权的提升。

立足于互联、物联时代,移动网络平台是公众获取信息的主要渠道,在媒体话语体系中,也更多谈及用户、分享、开放等传播话语。为进一步扩大中国媒体的影响力,需要将传统媒体的内容优势与新兴媒体以用户为中心,以产品与服务为导向的经营模式结合,再利用大数据和云计算等技术,将内容、平台、服务等完美融合。今日的社交媒体时代,短视频、公众号传播范围广、影响深,将报刊与网络结合,官方媒体开通微博、微信公众号以及抖音号,新闻、官方话语不断被转载、阅读、点赞、评论,由此可以促进中国好声音的传播。

因此,中国在参与全球治理过程中,传统媒体与新兴媒体的优势结合有利于话语的对外传播,有助于海外受众进一步了解中国方案、中国智慧。国内层面中国应该注重媒体的资源整合,国际层面中国应该注重与海外媒体的合作或者进行并购,在国际社会中扩大中国媒体的全球影响力,将品牌知名度与受众忠诚度结合,产生综合影响力与传播力,形成以电视媒体和新媒体为主导,中央级媒体为核心,地方媒体为协助的中国国际传播格局。

(2)重视公共外交

在百年未有大变局的今天,民意对政府实施国内外政策发挥着举足轻重的作用,因此,各国在注重政府间官方往来的同时,也不能忽视公共外交。由于西方国家媒体话语权长期处于优势地位,在中国参与全球治理的过程中,如何更有效地讲好中国故事、在国外民众心中树立中国好形象便成了中国政府与中国人民需要重视的问题。

有学者定义中国的公共外交指的是为了营造有利的舆论环境以及实现中国的国家利益,政府组织或委托非政府组织对国外民众展开工作,对其输出中国的政策、观念、文化等以提升国家软实力,在国外树立中国好形象。近年来,随着中国的不断崛起,国外民众对于中国产生防备的情绪。对此,中国需要在经济快速发展的情况下,重视开展公共外交,使得国外民众越来越了解中国智慧的魅力,而不是感到越来越强大的威胁。中国应将公共外交纳入对外大战略的整体格局中,使得外交不仅仅局限于小部分政府官方人员,应该以喜闻乐见的方式对外传递信息。除了官方组织,也应借助大学、智库、媒体等非官方组织产生的重大影响力,对外传播中国优秀文化。输出信息时,不应只讲"官方话",应该根据处于不同地域拥有不同文化背景的民众设置不同话语内容,重视民意力量,适时输出平民化语言,以开放包容的姿态,平等友好的心态与国外民众交流,进而提升中国的国际话语权。

以智库为例,国家间智力竞争的落脚点是人才的竞争,而智库是人才聚集地,汇集了不同领域的高端人才,这些人才在经济、文化、政治、社会民生等方面有深刻见解,洞悉国内国际时事,是国家的"思想工厂",对于一国在国际社会构建话语权与提升国家软实力产生重要影响。

如今中国的许多智库人员是知名高校教授或者某领域的著名专家学者,他们学历高,能力强,精通外语,学术科研丰富,综合素质高,一些智库人员不论是在国内或者国际层面,拥有强大的人脉,驰骋于高端学术论坛,在国际会议、国际合作交流项目中对于国内外重大政策问题与国外学者交流自己的看法,在对外交流过程中有助于将中国的外交政策、文化价值、理念方案进行有效的传播,也可对一些国际敏感问题或者时事问题提出有效解决方案,在对外话语传播过程中扮演着重要角色。

中国在参与全球治理的过程中,要充分利用智库人才在对外传播过程中的作用,发挥智库人才的优势,凭借其学术造诣以及过往经验对涉外话语内容进行修改提炼,以求话语对象对于话语内容有更高效的接收。在国际舆论环境中,话语内容的质量优劣是提升国家国际话语权的基础,智库人员作为话语传播过程中的重要载体,以其专业素养对话语内容的把关与提炼,将有利于更有效地传播"一带一路""人类命运共同体"等中国方案。智库人员以其对国外民众更深的了解以及对国际政策更深的见解,促使中国在参与全球治理过程中国际话语权得到提升。

（3）充分发挥海外华人华侨作用

在全球化的今天,世界各地汇集着成千上万的华人华侨,他们分布在不同国家、不同领域,活跃于世界各个角落,虽然他们定居在海外,但中国传统文化的影响或与中国的密切关系使得海外的华侨华人时刻关心着中国的发展与走向,因此,在中国参与全球治理过程中,为提升中国的国际话语权,需要充分发挥海外华人华侨的作用。

第一,华人华侨在国外通过教育机构、华文传媒等方式传播中国文化,他们积极传播的"己所不欲,勿施于人""和谐世界"等传统观念受到了国外越来越多人的理解与认可,使得越来越多的国外民众感受到中国文化的博大精深。因海外华人华侨对所在国家的文化习俗、语言环境有更深的了解,所以中国可以大力支持海外侨社文化建设,通过华侨华人设立经贸"联络处",以此促进中国与其他国家的文化交流,有助于中华文化在海外的传播。

第二,改革开放多年来,中国的综合实力显著提升,在吸引了海外受众们广泛关注的同时,也带来了他们对中国和平崛起的忧虑。近年来,海外华文媒体增加对中国新闻的报道,华人社团、华侨文化中心以不同方式从不同角度介绍着中国的基本国情、中国的核心价值观、中国的发展模式,部分国家的华文传媒还播放中国节目,由此扩大了中国的软实力,使得国外民众加深了对中国的理解,少了一份敌意,多了一份善意。

第三,华人华侨在语言、法律、经济、文化等方面都拥有一定的优势,在中国企业走出国门寻求海外合作过程中,可以充分发挥华人华侨作用,整合资源,对海外风险有一定的了解与防控,提高中国企业

"走出去"的成功率,也可促进中国与其他国家的友好合作,扩大中国的影响力,提升中国的国际话语权。最后,中国的国内外政策、对外话语如果被外媒误解,海外华侨华人在更知情的情况下对相关政策的支持与解释,会促进国外民众对中国的话语认同,使得中国的国际话语得到较好的反馈,由此提升中国的国际话语权。

最后,中国的国内外政策,对外话语如果被外媒误解,海外华侨华人在更知情的情况下对相关政策的支持与解释,会促进国外民众对中国的话语认同,使得中国的国际话语得到较好的反馈,由此提升中国的国际话语权。

五、中国参与全球治理之样本:以 WTO 为例

联合国和 WTO 是中国目前参加全球治理的两个最主要的组织平台。在当前比较活跃的全球经济治理、全球气候治理和全球贸易治理中,中国参与 WTO 全球治理同 WTO 全球治理本身一样,是一个非常成功的故事。

(一)善意履行义务

通过《中国入世议定书》和《中国入世工作组报告》,在正式成为 WTO 一员时,中国不仅承担了 WTO 的一般义务,而且在很多领域作出了重大而勇敢的承诺,包括承担一些明显违反 WTO 基本原则(如非歧视原则)的特定义务。从所承担的整体义务看,中国基本上没有享受到 WTO 给予发展中成员的优惠和灵活性,而在市场准入水平上已经接近甚至超过某些发达成员;中国作出了全部取消农产品出口补贴的承诺——远远超出发达国家的水平,即使在多哈回合谈判中也没有任何成员敢承诺这一点。可以说,中国在工业、农业、服务业和知识产权等各个方面,都作出了 GATT/WTO 中前所未有的减让与承诺。

植根于欧美政治经济法律文化的 WTO 法律制度,考验着中国遵守 WTO 规则的意志与能力。尽管开始在履约能力上确实有一些困难,但中国展示了履行国际义务的强大决心和依约行事的诚信。实践中,中国不仅表达了认真遵守 WTO 规则的意愿,而且通过国内措施(尤其是

立法措施)确保中国法律法规和其他规章制度与WTO规则一致。

(二)和平解决争端

WTO争端解决机制是中国正式毫无保留地接受的第一个国际争端解决司法(准司法)机制。中国在WTO争端解决机制中的表现对其自身面临的诸多领土与海洋争端及其他争端的解决,对中国的和平发展与和谐世界的构建都有一定的标杆意义。

(三)认真行使权利

在这一方面,笔者以WTO贸易政策审议机制为切入点进行分析。WTO贸易政策审议机制不仅意味着成员有接受审议的义务,同时也意味着成员享有审议其他成员的权利,这也是WTO成员权利义务平衡的一种体现。通过这一平台,中国也可以监督其他成员,对他们的做法是否与WTO规则相吻合提出质疑,同时借鉴学习其他成员的做法和经验。因此,在过去的几年里,中国认真参加了对美国、欧盟和日本等WTO主要成员以及与中国有密切经济贸易关系的其他成员的贸易政策审议,有针对性地提出了中国的重点关注,以敦促其他成员认真履行WTO承诺和各项协定及纪律。

第六章 遵守与实施
——全球治理中的国际法

第一节 国际法遵守理论产生的原因

法哲学是对法律的哲学思考。历史上著名的法学家都提出了各自对法的渊源、本质和效力等问题的哲学思考,其中许多论述直接或间接地涉及法的遵守问题。高洪柱教授认为,当代国际法遵守理论的不同流派,皆可在托马斯·霍布斯(Thomas Hobbes)、伊曼努尔·康德(Immanuel Kant)、杰里米·边沁(Jeremy Bentham)和约翰·奥斯丁(John Austin)的法哲学中找到思想源头。何志鹏教授也试图从自然法学派、实证法学派、社会连带法学派和纯粹法学派中寻找国际法遵守理论的哲学根基。然而,何志鹏教授在论述中似乎倾向于将法哲学和国际关系理论看作两种相互对立的研究视角,并且认为后者要优于前者,这种观点显然难以站得住脚。事实上,法哲学是研究法律最本质、最核心的问题,而西方国际关系理论同样也脱胎于霍布斯、洛克、康德等人的法哲学思想,因此不论是国际关系理论还是国际法理论都可以在法哲学中找到共同的渊源。①

总体而言,国际法遵守理论的法哲学基础仍显薄弱。有些文献试图引述某位法学家的思想作为其立论依据,但往往只是蜻蜓点水。正如前文所述,国际法遵守理论的第一个缺失,就是缺少关于法律本质

---

① 郭美蓉. 网络空间治理中的国际法路径[J]. 信息安全与通信保密,2019(05):48-55.

的认识,而这恰恰是因为对法哲学重视不够所导致的结果。

一、法的本质与法的遵守

强制力是法律的本质属性之一。乔治奥·韦基奥(Giorgio del Vec-chio)指出,哪里没有强制力,哪里就没有法律。法律与强制力的逻辑兼容几乎为所有法学家所接受,但关于法律强制力的来源问题却没有形成统一的观点,一派观点认为法律的强制力来源于规范本身,而另一派则认为法律强制力来源于法律之外的存在。事实上,若能将该问题梳理清楚,那么关于人们为什么遵守法律的问题也就不难回答。因此,笔者将以法律强制力的来源作为逻辑主线,梳理一些著名法学家关于法的本质的代表性观点,并在此基础上推导出他们如何理解法律为何被遵守的问题。

(一)支持法律强制力来源于外部的观点举隅

法律强制力来源于外部意味着在法律规则之外存在着一个掌握真正权力的实体,法律的强制力和拘束力都是由该实体赋予的。在法哲学史上,许多法学家完全支持法律强制力外部来源说,其中包括霍布斯、边沁和奥斯丁等人。

霍布斯认为,法律是一种命令,而命令则是发布命令的人通过语言、文字或其他同样充分的论据,来宣布或表达其意志。霍布斯进一步指出,所谓个人之意志在国家建构起来之后,就表现为国家或君主的意志。

因此,在霍布斯看来,既然法律是国家的命令,那么其效力就来源自国家或君主的意志,而非规范本身。霍布斯虽然也承认自然法,但他认为自然法在国家出现后就仅仅是一种理念中的存在而非现实。自然律是理性所发现的戒条或一般法则。理性指导人们采取并接受一种大家都必须遵守的自然法,以避免人与人的战争,从而实现自我保护的目的。然而,一旦国家建立起来之后,法律与道德也就不再有区别,只有国家一个声音、一个意志;此时,自然法在霍布斯看来仅仅是一种象征意义上的法律,而得到了主权者授予强制力的法律才是国家法的实质。同样,关于习惯法,霍布斯认为习惯之所以上升为法律,本质上也是借助了国家提供给的外部强制力。

继霍布斯之后,英国法学家威廉·布莱克斯通(Sir William Black-stone)也表达了"法是主权者命令"的思想。但布莱克斯通总体上还是崇尚以习惯法和判例法为主要形式的英国普通法,而真正对"法律命令说"在法理上做进一步阐述的是实证主义法学者杰里米·边沁(Jeremy Bentham)和约翰·奥斯丁(John Austin)。杰里米·边沁将法律定义为由一个国家内的主权者所创造,或者所采纳的,用以宣示其意志的符号的集合。由此可见,边沁和霍布斯在法学的内涵上有相似之处,都强调法律是由主权创造的。然而,边沁所处的时代背景与霍布斯不同。霍布斯生活在英国资产阶级革命爆发的年代(1640年英国在全球第一个爆发资产阶级革命),出于对秩序的渴望,霍布斯寄希望一个强大的"利维坦"来赋予法律以强制力。边沁则处于相对和平的时代,但受法国启蒙思想的影响,他意识到英国普通法中固有的缺陷,看到了英国法官手持过大的自由裁量权而导致司法不公,因而大力倡导对英国法进行法典化改造。

奥斯丁作为边沁的学生,将法律命令说又向前推进了一步。在奥斯丁看来,确切意义上的法律是实在法,它是主权者的一般性命令。因此,理解奥斯丁的"法律命令说"有两个要点。

第一,法律以存在政治上的"优势者"和"劣势者"为前提,表现为主权者和臣民。正是因为存在这种等级关系,才使得前者拥有了对后者的强制权,可以通过"命令"的方式要求后者作为或不作为。正如奥斯丁所言,任何一种实在法都是由特定的主权者对其统治下的某个人或某些人制定的。

第二,只有"一般性"的命令才具有法律的特征。奥斯丁认为,偶然或特殊的命令不是法律,而只有主权者发布的、对不特定的人都适用的命令才是法律。因此,后来赫伯特·哈特(Herbert Hart)以"抢匪情境"对奥斯丁的法律命令说展开批判,实际上是对后者的误解。奥斯丁还特别强调制裁对法律的作用,因为命令与单纯的愿望的区别就在于是否含有制裁的威胁。事实上,奥斯丁法学理论的核心就是根据制裁来界定法律义务。总之,基于"法律命令说",奥斯丁认为,法律的强制力来源于政治上的"优势者"对"劣势者"的一种普遍的强制。

(二)支持法律强制力来源于规范本身的观点举隅

支持法律强制力来源于规范本身的观点,主要在自然法学派和历史法学派上得到了充分体现,他们都认为法律的强制力不是来自某个超越法律之外的实体。

1.自然法学派

自然法学说是西方法哲学中最核心的思想体系,没有任何法学家可以完全绕开自然法而另起炉灶。当然,在自然法源远流长的发展史中,各种理论层出不穷,包括前文提到的霍布斯也可以被归为古典时代的自然法学家。但由于霍布斯对理性的强调走向了唯理论的方向,启发了后来的实证主义法哲学,因此从很大程度上偏离了自然法的主流。一般来说,自然法学派并不认为法律需要外部强制力,而是将法律与拥有强制力的形而上的实体等而视之。

斯多亚学派对古希腊先贤的自然法思想作了总结,经古罗马法学家西塞罗(Cicero)的整理得到了系统阐述。西塞罗指出,真正的法律乃是一种与自然相符合的正当理性;它具有普遍适用性,并且是不变而永恒的。西塞罗将自然法与理性紧密相连,正因为此,人们按照自然法行事就是在理性光辉的指引下行事。在斯多亚学派的哲学思想中,上帝(和基督教的上帝不同)、自然、理性是统一的,因此自然法的强制力就来源于规范本身。

进入中世纪后,基督教神学进入法哲学领域,此时自然法思想同人们对上帝的信仰结合了起来。托马斯·阿奎那(Thomas Aquinas)在其著作——《神学大全》里,提出了永恒法和自然法,前者代表了上帝的理性,只有上帝才知道,后者是"在理性动物中,对永恒法的参与"。因此,阿奎那理论中的自然法必须以上帝的永恒法为指引。虽然自然法的效力来源于永恒法,但这两者并不是可以相分离的实体。这表明在阿奎那的自然法学说中,法律的强制力来源同样是规范本身。将自然法学重新从神学中分离出来的法学家当属格劳秀斯(Hugo Grotius),他认为自然法是永恒不变的,即便上帝也要受其支配。如此一来,格劳秀斯就打破了中世纪以来对上帝的迷信,使得自然法向世俗化的方向发展。格劳秀斯将法律分为自然法和制定法、国内法和国际法,但无论是制定法、国内法还是国际法,最终都要符合自然法,而在自然法之外,找不到一个赋予法律强制力的实体。

此后,普芬多夫(Samuel Pufendorf)、约翰·洛克(John Locke)、孟德斯鸠(Montesquieu)都沿着格劳秀斯的理路,对世俗自然法作了进一步阐释。

当代最具影响力的自然法的倡导者之一是美国法学家朗·富勒(Lon L.Fuller),他认为,法律的强制性来源于其"内在道德"。富勒区分了"内在道德"和"外在道德",前者大致等同于程序,后者大致等同于实体自然法。富勒认为,以往的自然法学说都只反映了外在道德,即实体自然法,而他所提出的内在道德才是法律获得强制力的关键。具体而言,"内在道德"体现为八条法则,包括"法律的一般性""颁布""不溯及既往的法律""法律的清晰性""不矛盾""不强人所难""法律在时间中的连续性""官方的行动与公布的规则之间的一致性"。

2.历史法学派

历史法学派是对实证主义法学的反思,尽管其内部流派众多,但都强调法律是从历史和习惯中发展而来的,其强制力并非来源于主权者的命令。历史法学派对19世纪的法学发展影响深远,无论德国欧陆法系,还是英美普通法系都受到历史法学派的影响。

德国法学家萨维尼是历史法学派的开创人,他认为,法律的本质是"民族精神"。萨维尼指出,法律从来就不是立法者的创造,只有"民族精神"或"民族共同意识"才是法律真正的创造者。萨维尼同样非常重视习惯,并视之为法律的基础,因为那才是民族精神的重要体现。

萨维尼也对自然法理论中形而上的部分进行了修正，表现为他对超验意义上的自然法的否认，代之以"民族精神"的概念。然而，"民族精神"同样是一个比较模糊的概念，根植于遥远的传统之中，仍然带有很强的神秘主义色彩，因此萨维尼对自然法形而上部分的改造依然是不彻底的。可以说，萨维尼的历史法学虽然排斥自然法，但其实并未排斥自然法学说所欲达成的目的，因而，萨维尼的历史法学中包含"隐藏的自然法"。

继萨维尼之后，德国法学家祁克（O.F.von Gierke）扛起了德国历史法学派的大旗。祁克不像萨维尼那样反对自然法，而是使历史法学和自然法学结合得更加紧密。祁克指出，法是表示出来的社会确信，所以是人类社会生活的准则。法的渊源是人类的共同精神。

在英国法律思想中，对历史和习惯的重视本身就是普通法的传统。布莱克顿（Henry de Bracton）、福特斯丘（John Fortescue）、科克（Edward Coke）和黑尔（Mathew Hale）等人也都从历史和习俗的角度对英国法进行了阐述，直到后来边沁开始倡导法典化才打断了英国法学的传统。然而，英国法的保守主义传统很快又由柏克（Edmund Burk）重新找回，并在亨利梅因爵士（Sir Henry Maine）融入了历史法学派的思想后焕发了新的生命。梅因完全不赞同从霍布斯开始的社会契约论。在他看来，社会契约论是未经证实的理论，缺少对社会和法律历史的探究。梅因同样反对边沁和奥斯丁的法律命令说，认为该学说经不起历史的检验；而法律史所揭示的法律内涵要比主权者的命令丰富得多，它表现为从首领氏族和国王的"判决"—习惯法—法典化的发展过程。古代法是在一个以身份为基础的共同体中形成，而现代法则是建立在个人之间的契约的基础上，因此法律的发展史是一个"从身份到契约"的运动。

萨维尼的思想传到美国后，引起了极大反响。詹姆斯·库利奇·卡特（James Coolidge Carter）成功将历史法学派的思想引入美国普通法实践中。卡特认为，习惯和惯例才是真正的法律，而法院的判例只是对既有的法律的发现和探寻;欧洲大陆的法典不过是对早已存在的习惯法的重述,因此制定法仅仅是客观存在的法律的一小部分。卡特的这个观点对美国当代著名法学家德沃金(Ronald Dworkin)的启发很大,后者在反对实证法学时指出,制定法规则只是法律体系的一部分,制定法可能存在漏洞,导致法官无法根据直接规则作出裁判,但法律本身却是"无漏洞的"体系,在无法使用具体规则时,法官可以根据法律原则或法律体现的道德与政治信念对法律规则进行解释。

(三)法律为何被遵守的深层解释

在了解了关于法律强制力来源的主要学说后,就能对法律为何被遵守有更深刻的认识。目前,关于人们为何遵守法律有两种理论:工具理论(instrumental perspective)和规范理论(normative perspective)。前者认为人们会根据利益的得失用工具理性来决定自身行为,因此人们守法是基于法律设置的奖惩措施对人们利益的改变,后者认为人们遵守法律是因为法律本身具有的合法性和道德性因素。虽然这两种理论能够说明问题,但还是略显肤浅,因而需要依靠法哲学的观点对之进行深层剖析。

霍布斯等支持法律强制力来源于外部的观点在遵守法律问题上基本与工具视角相符。在霍布斯看来,是否遵守法律完全视利益而定。他指出,立约与不立约,守约与不守约,只要有助于个人利益就不违反理性。边沁强调了惩罚在法律中的作用,这一点与工具视角中的阻遏理论(deterrence literature)相吻合。对边沁来说,法律问题实质上就是如何恰当配置惩罚以求产生可欲结果的问题。在边沁看来,惩罚同样也要受到功利主义的支配。按照功利主义原则,惩罚会给人带来痛苦,所以惩罚某个犯罪者,给其施加痛苦本身不是目的,而惩罚真正的目的在于避免和排除犯罪带来的恶。只有当惩罚所要预防的痛苦大于他本身给犯罪者造成的痛苦时,才是符合功利原则的。

规范理论则与法律强制力来源于规范本身的法哲学观点相呼应。斯多亚学派将自然法视为宇宙法则,而人的理性必须与宇宙法则相对应,因此人依照理性行动就是依照本性行动、依照自然行动,这样一来人就不会做法律禁止的事情。后世自然法学说虽然各有不同,但在法律的遵守问题上都受斯多亚学派的影响,认为人遵守自然法就是人本性使然,不需要外在强制力的推动。

萨维尼的历史法学派在强调了习惯作为法律的基础上,还对习惯的缘起作了论述,他认为习惯是行为方式的体现。萨维尼指出,一切法律均缘起于行为方式,在行为方式中,用经常使用但并非十分准确的语言来说,习惯法渐次形成。由此可见,在萨维尼看来,对法律的遵守本来就体现在行为中渐次形成的习惯中。

在凯尔森的"应然"法律体系中,强制力乃是法律概念中一个不可分割的基本要素。正是因为法律规范对一定的行为赋予一定制裁,所以与此相对立的行为才成为一个法律义务。因此,人们遵守法律由规范本身的目的性决定。法律体系的内在目的就是"使人的行为服从规则的约束"。

当然,鉴于对法律概念的不同理解,也有学者提出了折中学说。赫伯特·哈特认为,人们对法律规则有两种观点,即内在观点和外在观点。所谓内在观点,是指人们接受法律规则并以此指导自己的行为;所谓外在观点,是指本人虽然并未在内心中接受某一规则,但是期待别人会按照该规则行事。哈特认为,对某一法律规则,总是有持有内在观点和持有外在观点的两种人,他们之间会形成对抗关系:对于前者来说,法律规则已经内化为一种认同,他们对法律的遵守是自愿的,并且会以实际行动维护法律规则;对于后者来说,他们之所以遵守法律规则是害怕遭受违法处罚。

康德的法哲学观在很大程度上也体现了这种折中。康德在对法的形而上学作阐述时,将人类行为分为外在行为和内在行为。这种分类法和斯多葛学派提出的"外在自由"与"内在自由"有相似之处,前者指的是人具体表现出的行为,后者指人的内心行为。在此基础上,康德又指出人类社会存在两种法则,即"法律的法则"和"道德的法则",

前者仅仅涉及外在行为,后者则涉及内在行为。按照这套逻辑可以推演出,在法律遵守的问题上,康德实际上提出了两种形式的遵守,分别是对法律法则的服从和对道德法则的服从,前者只要求实际行为符合法律要求即可,后者还要求行为体在内心深处对规则的服膺。

总之,关于法律为何被遵守的两个理论都可以找到其背后的法哲学基础。工具理论与法律强制力来源于外部的法哲学观点相契合,而规范理论则得到了法律强制力来源于内部的法哲学观点的支持。

二、关于法的本质和遵守问题的深层解析

限于篇幅,以上仅将一些最具代表性的观点作了罗列,故难免挂一漏万,但通过对上述观点的罗列基本可以就法律的强制力来源作初步总结。

总的来说,在法律强制力来源问题上,法学家没有统一的观点。认为法律强制力来源于外部的观点将法律视为国家、主权者或统治阶级的命令或意志,换言之,法律的制定者就是法律强制力的来源,而法律规则本身并没有独立的强制力。认为法律强制力来源于规则本身的观点非常庞杂,但基本是以自然法思想为主线,萨维尼的"民族精神"、卢梭的"公意"以及凯尔森的"基础规范"本质上不过是对自然法形而上内容的替代与改造。

另外,在法律强制力来源问题上的分歧主要源于对法律概念的界定不同。支持外部强制力说的观点一般将法律规则限定在制定法领域,因而其大多倡导法典化,试图将习惯法排除出法律的范畴之外。而支持内部强制力说的观点一般不否认习惯法的法律属性,像历史法学派甚至还认为习惯法才是法律的基础。

由此可见,仅通过前面对各派法哲学的观点举隅,我们还无法将各派理论统一在一个范式之内。要对法律的强制力来源问题做更进一步的探讨,就需要用更加宏大的思想去概括之,而哈耶克的法学思想中关于唯理论和进化论的论述恰恰提供了一种思路。

（一）唯理论与进化论：哈耶克法学思想的启示

历史研究的创新不仅依靠史料的发现，更在于用全新的视角和分析工具重新审视和梳理既有的史料。一切历史都是当代史。人们对历史的解读总是基于当下，根据现实来发现历史中蕴含的真理。对于思想史研究来说亦是如此，哲学史所研究的是不老的、现在活生生的东西。因此，在理解法哲学的经典著作时，也可以用今人的眼光对之进行梳理。

事实上，后世学者对于法哲学思想作了不同的归类。为了探究法律存在的本质，可以将法哲学思想划分为唯物主义和唯心主义；为了探究如何认识法律，则可划分为唯理论和经验论；为了探究法律的方法论，可以分为实证法学派和自然法学派。当然，有些思想家的观点是折中的，有些思想家的观点本身就存在矛盾之处，还有些思想家前期和后期的观点发生过重大转变。因此，先哲的思想并不能总被完美地划归到某个类别中。然而，只要在总体上符合基本事实，为了理论建构的需要，对思想家的观点进行归类仍然是可取的。

在法哲学诸多分类方法中，哈耶克将法哲学思想分为唯理论与进化论，折中划分方法对于探究人类社会的秩序和规则以及法律的本质具有重要意义。

1.唯理论

哈耶克笔下的唯理论是指那些相信凭借纯粹理性的力量，就能够洞悉一切社会规律的哲学观点。既然理性可以帮助人类认识世界，那么也可以帮助人类创造或改变包括法律规则在内的一切社会制度。

哈耶克并不反对理性，他反对的是那些认为人类理性没有限度、无所不能的哲学观点。哈耶克认为，这种理性万能主义是一种"幼稚的理性主义"，它始于笛卡尔哲学。尽管将笛卡尔的思想归为唯理论在很大程度上是一种误读，但不可否认的是，后世唯理论思想家的确受到笛卡尔的极大影响。哈耶克将唯理论概括为四点：第一，人类过去成功的制度都是在理性的指引下发明出来的，因此未来也应照此方式创设制度;第二,制度优劣可以根据特定结果由人们证明出来;第三,因为人们可以判断制度优劣,因此也就可以选择、塑造、设计制度;第四,如果经由传统自发形成的制度不如人们理性设计的制度,那么就应当果断放弃前者。正因为此,哈耶克认为,唯理论在法哲学上就表现为如下特征。

首先,在对法律的界定上,唯理论强调制定法的重要性。在英国,对制定法的偏好从弗朗西斯·培根(Francis Bacon)开始就有所表现。由于英国是判例法国家,其法律体系以习惯法为主,而培根等人认为这是英国法律不足的表现,于是便大力主张推进英国法的法典化。之后,边沁、奥斯丁沿着培根的思路,继续从事英国法律法典化事业,并试图建立一套科学的法律体系。在德国,日耳曼习惯法同样非常发达,但在是否要以法国模式为范本,推进法典化的问题上曾有过很大争论。正如前文所述,像黑格尔就在该问题上坚定支持德国的法典化进程,而萨维尼的历史法学派则坚决反对。

其次,在法的制定上,唯理论强调人的理性是唯一正确的造法之路。这在奥斯丁的学说中表现得最为明显,他支持由"占优势地位"的人制定法律就是最好的解释。因此,唯理论法哲学暗含着一个前提假设:人有能力制定一部良好的法律,从而塑造或调整社会秩序。这种假设本质上是对人类纯粹理性的肯定,相信通过人类理性的思考,完全能够构建出一个完美的法律体系;即便不能做到完美的立法,但相较那些未经经验或逻辑审视过的习俗、习惯、文化、宗教中的法律因素而言,纯粹理性设计的法律制度仍具有明显的优势。从思想脉络上来说,这种观点和笛卡尔从不证自明的第一原理出发,尝试构建一套自洽完美的制度体系的理路是一致的。从这个意义上说,哈耶克认为崇尚实证主义法学家在思想本源上皆源自笛卡尔也不无道理。古代自然法学派如斯多亚学派也强调理性的作用,但他们强调的理性却不同于唯理论所谓的理性,因为前者将理性视为与自然、宇宙和上帝等同之物,而后者仅指人类自身的纯粹理性,是笛卡尔人与自然二元论的体现。

按照凯尔森的纯粹法学论的观点,唯理论对法律的认识推演到极致,就是一种狭义的法律,一种区别于诸如文化、政治意识形态、习惯、宗教等社会规范的强制性技术规范;而这种规范又是由人通过理性设计出来的,所谓自然生长出来的社会规范并不能被纳入法律的范畴内。正因为此,历史法学派批评唯理论对法律的认识缺乏历史的纵深,因为在唯理论的观念里,那些拥有历史积淀的社会规则都不是重要的,完全可以被抛弃并代之以一套经由理性所设计经营的制度。

最后,唯理论认为法律规则要得到遵守必须依靠外部强制力的保障。从霍布斯开始,唯理论都重视法律的强制力,他们的区别仅在于强制力的来源问题上。霍布斯在论述遵守问题时,突出了主权的概念,强调制定法被遵守的原因是主权者拥有强制力。边沁遵循其功利主义,认为强制(主要是惩罚)是促进社会总体福利"必要的恶"。奥斯丁的"法律命令说",揭示了法律强制力来源于"优势者"对"劣势者"的意志。

由此可见,尽管对于强制力的具体来源的表述略有不同,但唯理论在进行法律制度设计中,特别强调为规则装上"牙齿",因为对于唯理论而言,法律本来就是人设计出来的,若不在制度设计中引入外部强制力,人们根本没有动力遵守法律。

因此,尽管哈耶克将一些哲学家的思想定性为唯理论不一定完全准确,但他对唯理论的论述依然是成立的。事实上,前文所述的几位支持法律强制力来源于外部的法学家的哲学观点或多或少都体现了唯理论的思想。

2.进化论

哈耶克在吸收了贝尔纳德·孟德维尔、孟德斯鸠、大卫·休谟、亚当·弗格森和亚当·斯密等"反唯理主义"人士的思想后,提出了法律进化论。进化论的基本观点认为,人类文明是在进化过程中逐步发展完善起来的,那些支撑人类文明最重要的社会秩序,如道德、宗教、法律、语言、文字、货币、市场等都不是纯粹理性所创造的,而是自生自发秩序(spontaneous order)的体现。

谈到进化论,人们往往会联想到达尔文的生物进化论,而哈耶克指出,社会科学领域中的进化论思想要早于自然科学领域的进化论;而事实上,达尔文是把社科领域的进化论引入了生物学。

在哈耶克的思想中,人类文明制度和社会制度的进化过程大致如此:首先,因为一些偶然的因素,某种制度或惯例开始在某个群体中得到运用;其次,在与其他群体的交往过程中,采取这种制度或惯例的群体获得了显著的优势;最后,要么这种制度或惯例主动被其他群体所效仿,要么是那些未能及时效仿的群体在竞争中逐渐走向消亡,但无论如何,那些经过历史优胜劣汰检验过的制度或习惯就得以发展延续下去。在人类漫长的历史中,法律规则就是在这种类似变异与竞争的过程中,按照物竞天择、适者生存的进化法则逐渐生成和发展。

在哈耶克的进化论中,最重要的概念就是自生自发秩序。自生自发秩序最典型的例子就是自由市场秩序,即亚当·斯密所谓"第三只手",它是由追求私利的个人通过追求私利的行为,最终形成的一种服务于公共利益的秩序。该秩序由人们的经济行为所决定,但并不是任何人所设计的结果。

哈耶克认为,自生自发秩序这一重要概念之所以没有受到应有的重视,根源在于古希腊思想家提出的"自然"和"人为"二分法之谬。尽管古希腊有的思想家已对此分类曾提出过质疑,但因亚里士多德最终接受了这种二分法,由此便对后世欧洲思想产生了严重的误导。哈耶克认为,除了自然和人为的两分之外,还存在一个第三范畴,即"人之行动而非人之设计的结果",用以指那些在人们的行动和实践基础上产生的,但并非因人们刻意追求某些社会目的而形成的规则、制度与秩序。长期以来,由于古希腊二分法的原因,该范畴被错误地归入了"自然"的领域,随着唯理论的崛起,该范畴又被"人为"的范畴所遮蔽。从这个意义上讲,哈耶克关于自生自发秩序的论述其实与萨维尼的历史法学派思想有相通之处。正如前文所述,历史法学派明确指出,习惯是法律的基础,而习惯又根源于人们的行为。

哈耶克对自生自发秩序极为推崇,认为由这种秩序所生成的制度明显优于人之设计的制度,原因有二。

第一,唯理论的谬误。唯理论笃信人类理性的无穷力量,然而哈耶克则沿着休谟和康德等人的哲学思想,认为人类理性是有限的。从知识论上说,人类知识可以分为表象性知识(即知道的知识)和实践性知识(即知道如何做的知识)。唯理论无限放大了表象性知识的作用,认为凭借表象性知识可以实现对特定情势的精准把握;但事实上,无论我们的理论和观察技术在有助于我们解释所观察的事实上有多大的作用,它们在下述两个方面仍对我们帮助甚微:一是探明并确定所有那些可以决定复杂模式的特定情势,二是探明并确定所有那些在我们为了达到完全解释或精准预测的时候必须知道的特定情势。由此可见,既然纯粹理性所依赖的表象性知识不足以帮助人们认识事物,那么由人之理性设计出来的制度就不可能是完美无缺的。

第二,自生自发秩序是长期进化过程中形成的,因此会趋向最优。哈耶克认为,亚当·斯密虽然表达了自生自发秩序的思想,但其实并没有阐明为何该秩序会成为最佳秩序,直到卡尔·门格尔(Carl Menger)引入了进化论的思想才对该问题做了完美的解释。按照门格尔的说法,正是各种制度通过长期的竞争和演化,通过优胜劣汰的进化过程,从而使得坏制度被淘汰,而剩下的便是最适合人类政治社会生态的制度。

在哈耶克看来,法律秩序本来也应当属于自生自发秩序,但受到人为建构(即立法)的"污染",由此便有了两种规则,一种是自由的法律(内部规则),另一种是立法的法律(外部规则)。自由的法律是自生自发秩序的体现,是人之行为而非人之设计的产物,具有目的无涉性;立法的法律是人为设计出来的,为组织的目的服务,因此是组织的秩序(organizational order)的表现。基于此,哈耶克对实证主义法学作了严厉批判,认为实证法学仅仅强调了立法的法律,忽略了自由的法律规则。一来,法律实证主义者认为法律是立法者意志的体现,而事实上法律要比立法更加古老,早在立法者意志出现之前,人类社会就已经有法律规则存在了;二来,法律实证主义者所谓的"法律规则"其实仅仅是经过人类理性加工后的"阐明的规则"(articulated rules),但法律中还存在大量"未阐明的规则"(unarticulated rules),如正义观念等,它们同样对人类社会起到重要作用,并且是阐明规则的意义来源。

哈耶克认为,法律实证主义根源于笛卡尔的唯理论哲学传统,因此它是用理性来对传统自然法的重新解释,并试图去除自然法中的形而上学的成分。然而,在此过程中,法律实证主义使得法律理论接受了一些缺乏科学根据的拟制观,进而切断了法律与价值之间的关系,扭曲了自然法的概念。因此,要想真正将自然法中形而上的部分剥离出去,只能借助自生自发秩序的概念。正是因为除了自然法中形而上的部分剥离出去,只能借助自生自发秩序的概念;正是因为除了"自然"与"人为"的概念之外,还存在着自生自发秩序,所以理解自然法就可以超越古希腊、古罗马法学家的"自然规律论"、中世纪经验法学家的"神之启示论"以及近代唯理论者的"理性设计论",将自然法理解为一种第三范畴即"人之行动而非人之设计的结果"。

应当说,哈耶克对自然法理论的贡献就在于他明确提出了自生自发秩序,既保留了自然法理论的核心要义,又成功去除了其中形而上的成分,实现了自格劳秀斯以来自然法世俗化的法理学任务。因此,关于人们对法律的遵守问题,哈耶克的理论也较传统自然法学派有了更深层次的认识。哈耶克认为,因为真正的法律规则是自生自发秩序的产物,是经历了进化检验的制度,人们正是因为遵守它才得以生存、繁衍、发展;此外,这种制度也是历史选择的最佳制度,能够最有效地实现人类的基本价值,因此人们也没有理由去违反它。简言之,人类的生存与发展要求人们遵守法律。正如哈耶克所言:人不仅是一种追求目的的动物,而且在很大程度也是一种遵循规则的动物。人之所以获得成功,并不是因为他知道他为什么应当遵守那些他实际上遵守的规则,甚至更不是因为他有能力把所有这些规则形诸于文字,而是因为他的思维和行动受着这样一些规则的调整——这些规则是在他生活的社会中经由一种选择过程而演化出来的,从而也是世世代代的经验的产物。

既然如此,人们遵守法律规则完全是一种无意识的自觉状态,又何必用强制性的手段去规制呢?只有立法的法律(外部规则)才有必要依靠外在强制力,因为它是为了实现组织的目的,并非人们自觉遵守的规则。

因此,总的来说,哈耶克在思想上与历史法学派有相似之处,都重视历史习俗与习惯的重要意义,但较历史法学派而言,哈耶克的进化论思维则更加深入地揭示了法律的发展和变化。哈耶克的进化论又超越了卢梭的"公意"、萨维尼的"民族精神"以及凯尔森的"基本规范",实现了自然法的世俗化。哈耶克找到了"自然"和"人为"两分法之外的"第三范畴",从而揭示了自然法本质上是基于人的行为但非人的设计。同时,哈耶克的法学思想又超越了实证主义法学,阐述了法律与社会道德和正义观念为何是不可分割的,相较富勒、德沃金等后期自然法学者的阐述更具有说服力。此外,通过上述分析也可以看出,那些支持法律强制力来源于规则本身的法哲学思想同哈耶克的进化论其实是一脉相承的,而那些支持法律强制力来源于外部的法哲学思想则可以全部或部分囊括在哈耶克所批判的唯理论范畴中。

(二)内部规则和外部规则的互动关系

哈耶克提出唯理论与进化论的目的在于建构一套关于自由秩序的学说,因而他倾向于视唯理论与进化论为两种对立的法哲学。而事实上,唯理论与进化论的法律观念并非截然对立,两者在实践中是可以被折中调和的。

1.理论上对立的法律观

通过对唯理论和进化论的分析可以看出,两者最大的差异依然在法律的定义上。唯理论将法律等同于外部规则，即立法的法律（law of legislation）和组织规则（rule of organization）。实际上，立法的法律和组织规则表达了同一个含义，只是看问题的角度不同而已。所谓立法的法律是指法律由主权者通过理性设计制定的，体现了主权者的意志。因此，在形式上，立法的法律就是成文法，表现为立法机构制定的法律或是主权者的敕令，而那些并非由纯粹理性所创造的文化、道德、习惯、风俗等因素要被严格排除在法律范畴之外。在法律制定过程上，唯理论支持自上而下的过程，即主权者制定，被统治者遵守。为了使立法的法律得以遵守，就需要主权者施加外部强制力，增加被统治者的违法成本。所谓组织规则，是指主权者（政府）为实现特定组织目标而制定的规则，作为一种对纯粹的具体命令的补充。哈耶克认为，组织的规则虽然与单纯的命令不同，但依附于命令，必须按照组织中各个成员的角色起作用，根据组织的目标解释其含义。由此可见，组织的规则本质上还是将法律视为命令，只是更为强调其抽象性和普遍性。总之，唯理论所强调的法律是政治性的命令；法律乃独特人士的理性产物，对它的遵守亦出于理性之辨识。

进化论所谓的法律是一种与立法的法律相对的内部规则，它是自生自发秩序的体现，因此哈耶克称其为"自由的法律"。进化论认为，法律就是人类在交往中自然而然形成的，经由世世代代经验积累，并且依照优胜劣汰的进化规律逐渐生成的，主要表现为习惯法，夹杂着道德、文化、宗教和意识形态等价值因素，因此是自下而上自发生成的。当然，唯理论并未完全否定习惯法，但它认为习惯法必须经过理性的审视，也就是要经过主权者的承认并上升为制定法方能成为法律，而进化论认为这实际上与法律实践不符。在现实法律实践中，法院直接援引习惯法作出裁判的情况比比皆是，不仅在欧美普通法国家，在大陆法国家同样如此。鉴于法院并无立法权，也不承担将习惯法转换为制定法的职能，若习惯法不是法，法院又怎能直接援引之？因此，在进化论看来，习惯法本身就是法律，法院在适用习惯法时并非在创设或编撰法律，而是在社会规则中发现法律。此外，不同于组织的规则，内部规则具有目的无涉性，即它并不是刻意追求某种组织目标而设计出来的，而完全是在人们长期的社会生活中逐渐形成的。既然如此，遵守内部规则的法律就是一种自然的选择，人们世世代代就在内心里对这些规则具有强烈的认同感，因而根本无须外部强制力。由此可见，进化论所强调的是法律的社会、历史和道德因素。

2.实践中的折中与调和

在理论上，唯理论和进化论的法律观是截然对立的，然而在现实世界中，法律规则并非如此简单。博登海默指出，那种主张法律要么只是与政府或命令联系，要么只等同于人们的社会习俗及其正义理想的绝对化理论，不能不说是现实的真实写照。由此可见，将法律规则概括为唯理论与进化论虽然极富洞见，但显得过于绝对化了，遮蔽了现实中一些更为复杂的法律现象。事实上，外部规则和内部规则并非泾渭分明，命令性因素与社会性因素之间存在着微妙的互动关系。

第一，理论上的两种法律规则在现实政治中是共存的。萨维尼认为，法律既表现为习惯法又表现为人为制定的实在法，但在现实中，两者的界限是很难划定的，常常是交织在一起的。哈耶克本人也承认，组织的秩序和自生自发秩序虽然不能混为一谈，但它们的确是共存于任何一个复杂的社会之中。卡尔·多伊奇也认为，政治包括对人类行为作或多或少的不完全的控制。这种控制是通过人类自发的服从习惯与可能的强制权威相结合而进行的。从本质上讲，政治是建立在受强制权威影响的各种合作习惯相互作用的基础之上的。

第二，内部规则与外部规则在实践中互相依存。首先，成文法是以不成文法为依据。一切制定法或成文法都是以不成文法为根据的。在本质上，立法权的获得本身是靠习惯或同意。因此，霍布斯的社会契约论虽然将法律视为统治者的命令，但统治者的命令之所以能够被人们接受为法律，还是要依靠社会的赞同。其次，在现实中，立法者在立法过程中往往必须将习惯法、制度发展的历史、社会道德和价值观念等纳入立法考虑的范畴之中,因为外部规则要想取得实际效果,就必须考虑到制度的路径依赖问题,从而将命令性因素与社会性因素相结合。如果立法与社会现实脱节太严重,则会遭到社会行为体的抵制与对抗,抬高法律执行的成本。正如卡尔·多伊奇所言,一项法律如果不能得到90%的人的自愿和习惯性的执行,那么,它要不是变成一纸空文,就是执行起来代价昂贵。最后,内部规则必须依靠外部规则。外部规则为整个共同体搭建了必要的制度框架,只有在这种情形下,内部规则才能得以运行和发展。正如自由放任的市场经济可能导致严重的经济危机一样,如果离开了立法的指导,自生自发秩序可能会陷入无政府情形。现代社会中,内部规则虽然依然要通过法院等制度性组织架构的协助才能发挥作用,法官审判制度、诉讼制度和执行制度都需要以外部规则所建立的组织架构为基础。

第三,外部规则和内部规则可以相互转化。关于内部规则向外部规则的转换,在形式上主要表现为习惯法被法律制定者所采纳和认可,对此前文已有论述。更深层次看,当内部规则自下而上地生成后,就必须依靠组织的秩序提供必要的公共服务,由此催生立法者制定以提供公共服务为目标的公法规则。但另一个问题是,外部规则是否可以转化为内部规则? 组织的秩序是否可以发展为自生自发秩序? 对此,哈耶克本人并没有否定这种可能性,他认为在某些情况下,组织的秩序也能转化为自生自发秩序。即便是那种以人造的规制为基础的秩序,也可能会具有自生自发的特征。人的理性本身也具有社会性,也会参与到进化体系中。尽管人类理性具有局限性,但是不可否认的是,随着文明程度的提高,人类的理性是在不断向前发展的。相对于古人来说,人类对自然规律和社会规律的认识和理解明显要更为透彻。从这个意义上说,依靠人类理性制定的外部规则本身也是不断进化的。虽然因为理性的局限,人为制定的法律可能会出现种种问题,但通过不断的反思、试错与纠偏,人们还是能够尝试建立起一套比较合理的制度的。此外,外部规则一旦被制定出来,即便在短期内无法得到人们发自内心的认同,但如果该规则长期存在并得到贯彻执行,则有可能被人们所逐渐接受,并内化成为一种习惯、道德与价值。

(三)尚存的问题与实践理论的补充

自生自发秩序是哈耶克最富洞见的理论创新,但哈耶克并没有对自生自发秩序的形成和过程展开论述,这就给这个概念增加了一些神秘主义色彩。从哈耶克的著作中可知,首先自生自发秩序的形成不依靠人的理性;其次,自生自发秩序不是人之设计的产物,而是建立在人之行动上的产物;再次,自生自发秩序是进化的产物,遵循着"适者生存"的原理;最后,自生自发秩序是一个历史的传统,包括了习俗、宗教、文化等要素。由此可见,哈耶克对自生自发秩序的论述仍然无法回答组织的规则如何向自生自发秩序的规则转化,而实践理论恰恰能够对此予以补充。

实践理论兴起于20世纪70年代,旨在调和结构主义和个人主义之间的差异。它在哲学上借鉴了路德维希·维特根斯坦和马丁·海德格尔等人的思想,经皮埃尔·布迪厄、安东尼·吉登斯、米歇尔·福柯、西奥多·夏兹金等人进一步发展,在20世纪90年代成为英美较有影响力的社科理论。

实践理论认为,"实践"是理解人的行为和制度规则的关键因素。首先,实践意义上的行为和制度规则是密不可分的。行为体现、包含、创造了制度规则,制度规则反过来又约束了行为,两者是互相建构的关系。其次,实践意义上的行为是以默会知识(tacit knowledge)或背景理解(background understanding)为指导。默会知识是指那些由传统经验、风俗、习惯塑造的知识,不同于纯粹理性。

人的行为潜移默化地受这种知识影响,表现在人的日常行为中,既不是完全由纯粹理性所驱动,也不是完全无意识的。布迪厄对此也有类似的表述。他提出的没有意图的意向性和没有认知目的的知识本质上就是一种默会知识,是行动者在长期社会生活中获得的一种下意识的把握能力。最后,实践既是物质的,又是观念的。人的实践活动是观念的物质基础,观念也是人依靠人的实践活动进行表达。总之,实践活动是主体与客体、物质与精神、结构与施动者的统一。

实践理论对于自生自发秩序之所以能够形成给出了如下五个方面的补充。

第一,揭示了自生自发秩序形成的知识论。哈耶克指出,自生自发秩序的形成不是依靠唯理论者所谓的"理性";企图依靠纯粹理性建构起一套完美的秩序是"知识的僭妄"。实践理论将知识作了进一步的分类,如文森特·波略特(Vincent Pouliot)就将知识分为表象性知识和背景性知识,前者其实就是基于纯粹理性的逻辑和科学分析得到的知识;后者其实就是到默会知识,指那种无意识的、自发性的、非阐明的知识。实践理论进一步指出,承载秩序和规则创造力的行为其实是以背景性知识或默会知识为基础的,正如布迪厄所言,"实践感"是先于认知的,实践所依赖的惯习其实是浓缩了过去、现在和未来的背景性知识,是一种虚拟的"积淀状况"。

第二,回答了为何习俗、宗教、文化、道德和价值观等因素对于自生自发秩序的产生至关重要。因为背景性知识是人们在长期经验中逐渐形成的,人之行为都要受到习俗、宗教、文化和道德的潜移默化的影响。基于纯粹理性的算计本身并没有意义,只有放在特定的社会大背景下才有意义。就好比在市场经济环境中,追求利润最大化的商人看似是在做理性算计,其实是受市场经济游戏规则和理念所塑造。所以,当某项规则与社会环境格格不入时,它就不能被纳入自生自发秩序的范畴。

第三,指出了组织的秩序和立法的法律向自生自发秩序和自由的法律转化的可能性。一来,既然背景性知识产生于经验和历史积累,那么行为主体持续的互动就具备产生背景性知识的条件。在组织的规则下,行为体的行动完全依靠组织者的表象性知识推动,但是当组织的规则被长期执行,其本身也就形成了布迪厄所说的场域,久之将其接受为一种理所当然的背景性知识,无意识地去按照这种知识的指引行动。通俗地讲,就是习惯成自然。二来,既然实践是物质和观念的统一,那么经过长期实践,组织的价值观念可能被行为体所接受并内化,成为一种内部文化价值。在此过程中,原本自上而下创造的价值与自下而上生成的价值逐渐融为一体。例如,中国古代为了应对黄河泛滥,依靠组织的规则将人们纳入治水进程中,经过长期的实践,在治水过程需要的集权文化逐渐为大多数人所接受,并内化为一种价值观,对中国古代历代政治体制产生了深远的影响。

通过实践理论的补充,可以看出,自生自发秩序的形成至少需要三个条件:第一,必须有诸多平等主体频繁的互动。此处的平等主体并不要求权力大小完全相同,而是要处于大致平等的地位。只有行动的主体间的能力大致相同,才不可能出现某一主体对其他主体的绝对支配性,基于这种非支配性才能产生持久的、基于自愿原则的实践交往,久而久之发展出各方都能接受的行为惯例,最终形成法律规则。若某一主体或某一群主体在地位上完全可以压制另一方主体,那么法律规则的制定容易受到强势主体的主导,往往体现为统治者的意志。这样的规则本质上不属于"私法自治"的范畴,但只要占优势地位的主体能够得到统治的合法性,倒是可以按照奥斯丁的"法律命令说"建立起组织的规则。

第四,平等主体的互动必须在一个相对透明的环境之下,从而消除实践中的信息不对称现象。信息不对称现象在行为体互动的过程中难以完全消除,就好比两个人进行交易,互相都不掌握对方的信息,卖方要承担道德风险,买方则可能出现逆向选择。这种严重的信息不对称在单次博弈的过程中当然是比较明显的,但在多次博弈的过程中可以通过不断的互动予以解决。这就好比通过长期交往,买卖双方对另一方的信誉都会有较为全面的了解,此时双方其实都是在一个透明的环境下进行互动,都掌握着过去没有掌握的信息。当然在现实世界中,在许多场合,信息不对称即便在多次博弈中仍无法解决的现象也是有的,比如在购买理财产品的储户和银行之间。造成这种信息不对称难以消除的本质归根到底还是主体地位的不平等所致。

第五，组织的秩序可以转化为自生自发秩序，但需要经过一个较长的时期。在这个较长的时期中，组织的秩序逐渐成为历史沉淀的一部分，转化为习惯或道德性因素。在知识论上，这意味着表象性知识逐渐成为一种背景性知识，以至于人们在实践行动中已理所当然地默认并接受它。在这个过程中，组织所体现的价值需要内化为底层行为体自身价值的一部分，因为只有当社会价值内化到人们的意识中，人们的行为才会按照符合社会目标的方向行动，而无须借助其他外部强制力的引导和约束。

三、当代国际法遵守理论的研究源起

传统的国际法理论已经不足以解释国际法遵守的原因，国际法遵守理论的研究越来越具有跨学科的特点，学者们的研究理念与方法论的不同导致遵守理论的多元化，如高洪柱将国际法遵守理论归类为三条解释路径，即理性工具主义、康德的自由主义传统、建构主义。笔者在此借助国际关系的分类来展现各个国际法遵守理论之间研究者的立场、理念与方法论的不同。

（一）理性主义

以理性主义为研究路径的机制理论、无政府状态下的合作论、联盟理论、贸易谈判论和布赞式的安全分析等，都为国际法遵守理论的研究提供了丰富的研究素材与可供借鉴的方法论。

理性主义研究的兴起源于国际关系理论中的现实主义与自由主义之间理论假设的可通约的基础之上。旧的现实主义从人性出发提出主张，而新现实主义将其现实主义建立在国际体系的无政府状态上。新现实主义之真正新的地方是其科学的概念，现实主义必须以理论的、以一套明确规定的辞章的形式来表达自己。自由主义的理论经历了类似的发展过程。它摆脱了过去对国际关系性质的总体性诠释，并且不再对发展的各个方面进行思考，而是专注于一些确确实实的问题，或者可能仅仅只有这样一个问题："制度是如何影响各国行为动机

的。"20世纪80年代现实主义变为了新现实主义,而自由主义变为新自由制度主义,两者都经历了一个自我约束的重新定义的过程,它们都趋向于一种反对形而上学的、理论上的最低纲领主义,也就是说它们越来越可以相互兼容了。一种新的综合形式成为20世纪80年代的主导研究规划。现实主义与自由主义不再是"不可通约的",相反它们共同承担着一项"理性主义的"研究规划,共享一种关于科学的观念,都愿意以无政府状态为理论前提展开研究,并且都愿意研究合作的演变以及制度是否重要的问题。

(二)建构主义

建构主义与理性主义之间的争论体现在适当性逻辑(logic of appropriateness)与推论逻辑(logic of consequence)区别之上。新现实主义和新自由主义都是从工具理性出发来理解国家行为。工具理性是指行为体非常清楚自己的利益所在,其偏好是既定的,行动者在约束条件下能够通过目的手段计算,实现自身利益最大化。而建构主义质疑的恰恰是理性主义所认为的理所当然的东西,即偏好并不是固定不变的,而是内生于行动者的互动过程中,身份和利益在相互作用之中被塑造和再塑造着,建构主义指责理性主义忽视交往、语言的作用。

建构主义和解构主义有着许多共同的理论前提并且都对主流提出批判,沿着理性主义、反思主义的轴线,20世纪90年代以来中间立场随之兴起,来自理性主义的新制度主义和来自反思主义的建构主义汇合在了一起。在对待国际法的态度上,建构主义者批评新现实主义将国际法置于权力与利益计算的结构之中,而新自由主义者则忽视了国际社会价值的多元化。

(三)制度主义

与新现实主义一样,制度主义者认为国家是无政府状态下的主要行为体,沿着理性主义的路径应用博弈论等分析工具来研究国际体系,与现实主义的理论模型相比,制度主义认为制度是重要的,因为规范并不能独自来影响国家行为,制度存在的目的是提供规范并保障实施,遵守的原因是理性行为体追求利益最大化。机制能够使得国家参与到合作中,否则国家在追求长期目标的过程中会受到短期权力最大化的限制而不会合作,这样遵守国际法律规则可以解释为实现自利的长期策略。

借助新制度经济学的理论框架,制度主义者认为国际制度在国际协议中提供了很多促进遵守的措施。包括:减少背叛的动机、声誉、设立标准的合法行为模式、提供监督保障机制等,这些措施都是非集中化的执行措施。

(四)规范主义

规范主义认为国家遵守国际法是出于道德与伦理的义务,这源于国家对自然法与正义考量。规范主义对国际法遵守理论的启示体现在如下几个方面。

第一,规范对国家行为的影响源于其"内在的规范性的特征",正是基于这些独特品质的起源、内涵和运行,才导致国家对规范的重视。弗兰克正是聚焦于规范内在品质而构建了国际法合法性与公平的遵守理论。

第二,蔡斯虽然承认规范所具有的特性,但对其作用却是采取"限制"的态度,蔡斯的理论更多的是从制度主义的角度来解释遵守,所以蔡斯的理论可以被视作"基于有限规范作用的制度主义过程论"。

第三,高洪柱关注的是国家在参与跨国法律过程中国内机构对规范的"内部化"过程。他强调法律的规范性表现在跨国法律进程参与者之间的内部化过程如何塑造与影响未来的跨国法律内部化。

四、全球治理进程的再思考与国际法遵守的新认识

(一)国际法是法律吗

国际法究竟是不是法律是一个长期困扰法学家的问题。否定国际法法律属性的法学家认为,国际法没有外部强制力作保障,因此不是法律。比如奥斯丁就认为,国际法并非严格意义上的法律,只是一种"实在道德"（positive morality），即一个仅仅依赖舆论而建立的规则。其实，对国际法持否定态度的观点一般是以国内法的标准来衡量国际法的，奥斯丁就是如此。国内法（特别是制定法）表现为主权者的命令并以外部强制力保证其执行，而这两点在奥斯丁所处的国际社会中几乎不存在，因而奥斯丁否定国际法的法律属性也就可以理解了。

哈特不同意奥斯丁的观点，他认为在形式上，国际法确实与国内法不同，但在内容上两者却非常相似。哈特指出，怀疑国际法不具备法律属性的观点一是看到了国际法在形式上与国内法的不同，深信法律要以权威为后盾，二是认为国家作为集体概念，不能作为法律义务主体。然而，哈特认为国际法和国内法其实在内容上是一样的，都是一个社会需要依循的规则。当然，哈特也承认，相对国内法而言，国际法的确更多表现为初级规则（primary rule），缺少次级规则（secondary rule）的支撑。哈特也不赞同将国际法视为道德：第一，道德要依靠良知和罪恶感才能表现出来，而国际法有条约、习惯和法学理论作为渊源；第二，国际法在很多情况下是道德中立的，本身并不表达一种道德理念；第三，国际法可以通过行为体有目的的立法予以建构，而道德却不能；第四。国际法具有法律义务约束力，而道德没有。

凯尔森则认为，国际法应当成为法律，否则整个法律体系就缺少了一个重要的环节。因此，凯尔森在国际法和国内法关系上持一元论观点，即认为两者同属于一个法律系统，而且在位阶上国际法应当高于国内法。作为一个更高位阶的法律，国际法在三个层面上决定了国内法的效力，即空间效力、时间效力和人的效力。然而，凯尔森的纯粹法学理论是建立在应然层面上的，即所谓"纸面上的规则"，所以他对国际法的肯定态度也是应然层面上的，即表达了国际法应当成为一个具有强制力的法律的观点。鉴于此，凯尔森在世时大力倡导加强联合国的力量，尤其是安理会的力量，其初衷就是想在实践中加强国际法的法律属性。

从以上观点可以看出，否定派和肯定派之间的分歧主要还是在于对法律的界定上。如果将法律严格界定为唯理论观点下的制定法,那么传统上国际法的确不具备法律属性;如果将法律看作一种社会存在所依赖的规则,则国际法同样也是法律。此外,无论否定派还是肯定派都赞同国际法在形式上有诸多不足,只不过以奥斯丁为代表的否定派认为这种不足是不可治愈的,而以哈特和凯尔森为代表的肯定派则认为国际法具有成为成熟的法律规则之潜力。

但是,无论是国际社会还是国际法本身都在向前发展,奥斯丁的观点在当今世界已经很难站得住脚,而哈特指出的国际法的缺陷在很大程度上已经得以弥补,凯尔森的愿望很大程度上已经成为现实。

即便按照唯理论的思路界定法律,今日的国际法也已基本符合了成为法律的标准。从形式上看,以条约为形式的成文法已经非常发达,是国际法的主要渊源之一。而且,大多数条约都是由相关领域的专家和政治家通过理性计算制定出来的,而非仅仅是将习惯法上升为条约。从强制力的角度看,自20世纪90年代后,联合国安理会的强制力明显得以加强,已经成为国际法外部强制力的主要来源之一。因此,相较奥斯丁所处的时代,今日国际社会的法治化程度已经有了很大进步。

从上文对法律的本质属性的分析可以看出,像霍布斯和奥斯丁等人将法律等同于唯理论式的制定法是一种比较狭隘的法律观,忽略了大量存在的不成文法与习惯法。《奥本海国际法》就指出,世界上没有一个社会,也没有一个国家能够只有成文法而生存。在国际法中,国际习惯、文明各国所承认的一般法律原则、司法判例和权威公法学家的学说都可以作为国际法的渊源。而且从《国际法院规约》第三十八条的表述来看,国际习惯和一般法律原则与条约处于同一位阶,条约并没有在一般意义上获得优先适用的地位。事实上,国际条约的制定本身也要依靠国际习惯法。各国达成条约表面上受《维也纳条约法公约》约束,但实质上还是基于国家同意和"条约必须遵守"的习惯法原则。从这个意义上讲,在国际法理论中,国际习惯就像历史法学派指出的,是逻辑上在先的事物。因此,成文法和不成文法在国际法律规则中是一个硬币的两面,共同构成了国际法律体系的整体。

按照这个思路,其实国际法与国际道德之间的关系也并非泾渭分明,两者也是一种相互依存、相互转化的关系。按照凯尔森的观点,法律的效力根源于"基本规则",最终表现为"条约必须遵守"的道德信念。由此可见,国际法律规则说到底根植于国际道德。同样,国际法被逐渐接受后,也能形成强大的舆论压力,并最终触及人们的良心。比如,在国际环保法日益深入人心之际,任何心智健全的人都会为资源浪费行为感到良心不安。

从哈特的视角出发,国际法的法律属性也在逐步增强。国际法除了原本就具备的初级规则之外,现代国际法在次级规则的建构上成绩斐然。就"承认的规则"而言,各国国际法研究所和联合国国际法委员会在国际法的编撰上做了大量工作,为习惯法向制定法的转化提供了一个较为完善的机制。就"改变规则"而言,《维也纳条约法公约》为此作了巨大贡献,为国际法权利义务的改变提供了明确的指南。就"审判规则"而言,以国际法院为代表的各种诉讼和仲裁机构已经相当发达,在长期实践中积累了丰富的判例。国际层面的立法、行政和司法职能以及国际法运作中必要的"基础设施"较哈特所处的时代有了明显进步,因此国际法在次级规则上的短板已得到很大程度的弥补。

最后,按照《奥本海国际法》的观点,国际法存在最终决定于国际社会的存在,哪里有社会,哪里就有法律。如果说在劳特派特修订《奥本海国际法》时,国际社会仍类似于原始社会,那么如今的国际社会的社会属性早已今非昔比。国际社会的存在依赖于两个要素,一是要有行为体,二是行为体必须有一定程度的互动。如今,参与国际事务的行为体早已不限于传统意义上的国家和国际组织,大量非国家行为体正扮演着日益重要的角色。并且,随着全球化的深入,多元行为体之间互动的频率之高也非劳特派特所处时代所能观察到的。这些都意味着国际社会的社会属性日益增强,甚至正在朝向利益共同体和命运共同体的方向发展。

王铁崖先生曾指出,无论如何,国际法是法律。综上所述,在今日看来,这个判断非常正确。

(二)国际法规则性质的变化

国际法不仅是法律,而且是不断向前发展的法律。传统国际法和现代国际法在性质上已经发生了深刻变化,许可性的国际法律秩序在很大程度上正在向禁止性的国际法律秩序(prohibitive international order)演进。如果我们究其本质会发现,造成这个变化的原因其实是卡塞斯(Antonio Cassese)提出的新旧国际法在结构特征上的差异。卡塞斯认为,传统国际法具有个体主义倾向,而当代国际法正日益强调共同体权利与义务。

由于国际法是建立在西方文明基础之上的,因此它自诞生起就打上了"自由市场"观念的烙印。基于这种"自由市场"观念,传统国际法表现出了很强的个体主义倾向,即国家只专注于追求自身利益的最大化,而并不在意整体国际社会的福祉。如此一来,传统国际法就表现出三个特征:第一,国际法规成了一种"双务性"的规则,即每个国家都只对另一个国家间存在权利与义务关系。为说明这一点,只需对比国内法和国际法之间的不同之处即可。在国内法领域,如果某个个体对另一个个体实施了不法行为,国家机关(如公检法)有义务处理此事,这样做不仅是为了维护受害人的权利,更是为了维护整个社会的利益和价值。例如,当某人对另一人造成了严重的身体伤害,即便受害人原谅侵害人的所作所为,后者依然要受到法律的惩罚,因为法律在这里保护的不仅是受害人的利益,还要维护全体社会共同的利益和价值。与此相对应,在传统国际法领域,当一国侵犯了另一国的权益后,可以依据国际法规定提出反制措施的只有受害国本身,其他国家或组织可以在道德上进行谴责,但是却没有法律上的义务来代表国际社会介入。"双务性"规则的特征不仅表现在双边条约中,在多边场合同样有所表现。

在卡塞斯看来,不管是基于条约(双边或多边)还是基于国际习惯,抑或其他法律渊源,传统国际法上的权利和义务最终都将分化为一系列二进制规则。比如,在国际贸易领域,虽然《关贸总协定》(以下简称GATT)的宗旨之一是促进世界贸易的发展,但具体到各个国家,他们之所以接受GATT规则,主要是出于其在国际贸易中的国家利益,而非国际社会的整体利益。当一国违反了GATT规则,一般情况下只会遭到利益受损害的国家针对其的反制措施,而非由GATT体系对之施加惩罚。因此,卡塞斯认为,国际多边贸易条约在实践中不过是一系列本质上相同的双边条约的组合。虽然传统国际法中的习惯国际法规则也强调"对世的义务",但在具体实施中还是会还原为适用于两个国家之间的规范。

当然,卡塞斯还观察到,在当代国际法中,一种强调共同体权利与义务的规则正在兴起。卡塞斯认为这类规则不同于传统国际法之处体现在以下三个方面:第一,旨在保护共同体层面的基本价值,比如安全、人权、环保等。第二,强调行为体对共同体的义务。行为体的违法行为不只是对另一个行为体承担责任,而是需要对整个共同体承担责任,因此这类规则不再是"双务性"规则。第三,强调共同体权利。对于违法行为,共同体内任何成员在共同体的授权下,可以对违法行为进行矫正,不论其是否受到了侵害,因为此项权利本质上属于共同体的权利,用以维护共同体的利益和基本价值。卡塞斯认为,这种"新的"规则的出现对国际法发展具有深刻的意义,特别体现在促进国际法遵守的手段上。然而,卡塞斯也承认,"新的"规则在现实中仍然面临两大问题:一是此类规则的数量还非常有限。二是规则规范与实施之间还存在鸿沟。共同体权利在无政府状态下很难被不偏不倚、公平公正、高效有效地行使。

其实,对新旧两套国际法规则的观察并非卡塞斯独创,曾任国际法院法官的布鲁诺·辛马(Bruno Simma)在海牙国际法学院的演讲中就提出了该思想。然而,卡塞斯无疑是进一步阐明了这一观点。卡塞斯将传统国际法所处的社会结构称为横向结构,意指国家之上没有更高权威,国际社会成员之间没有紧密的政治、意识形态和经济联系。这同样解答了另一个问题,即关于国际法究竟是公法还是私法的争论。法学通说一般将国际法(此处特指国际公法)定性为公法,但也有学说认为国际法是私法,将国际法定性为公法的学说一般是按照法律关系中的主体类型作为划分依据。因为传统国际公法中的主体是国家,而国家通常被认为是区别于个人的公共主体。但是,正如韦伯所指出的,公法和私法的界定不是一件简单工作。如果仅仅按照主体性质就将国际法划分为公法,至少存在两方面问题:第一,将国家认定为公共主体,实际上是站在国内层面得出的结论。相对于国家内部的自然人或法人而言,国家无疑是一个公共主体,但如果仅从国际层面来看,国家不过是国际体系中的一个单元。第二,国家有时也可以作为个体参与到国际事务中。在当今世界,国家参与国际商业行为的例子比比皆是,比如主权财富基金的投资行为。因此,卡塞斯所做的理论贡献就在于,他为重新划分国际法属性的标准提供了启示,即以主体的位格与权利义务的指向为依据。以此观之,因为传统国家主要以法律位格相同的国家为主体,且主要表现为个体主义的"双务性"规则,因而是一种私法性质的法律,而"新的"国际法暗含着国际共同体与行为体两类不同位格的主体的存在,且权利和义务关系也是以共同体的利益为指引,因此很大程度上表现为公法性质的法律。

应当说,辛马和卡塞斯对国际法规则的变化已经有非常深入的洞察,但他们忽略了全球治理对国际社会结构的影响。在对全球治理进行研究后,可以发现,国际法规则在结构特征方面的变化还有更加深刻的背景。

(三)国际法治化与国际宪政化

国际法在规则性质上和变迁本质上是与国际法治化和国际宪政化进程不可分割的,而这其实和全球治理实践有直接关系。

20世纪90年代以来,随着全球治理实践在诸多问题领域展开,国际社会的制度性因素不断加强,呈现出"世界政治法制化"趋势。该趋势有三个衡量标准,即规则的义务性、规则的精确度和规则的授权性。规则的义务性也就是规则对作用对象的拘束力;规则的精确性是指规则含义的清晰、准确和对解释的限制程度;规则的授权性是指规则参与者向指定第三方授权的程度,包括组成法庭、仲裁庭和行政组织以执行规则。这三个衡量标准可分别在各自范围内显示出不同的结果,用以衡量某一具体规则的法制化程度。比如《世界贸易组织协定》对成员方的义务性(拘束力)很强,规则的精确性也很高,授权性也很高(因为其成员方普遍接受争端解决机制的强制裁定),因此属于法制化程度很高的规则,可以称之为硬法(hard law);而另一个极端如气候变化治理中的《哥本哈根协议》的拘束力便没有《世界贸易组织协定》的约束力强,条文规定也比较模糊,属于典型的软法(soft law)。在此基础上,学者们观察到,在全球化和全球治理逐渐深入的背景下,世界上的规则基本上朝着法制化程度日益增加的趋势发展。

然而,全球治理对国际社会结构的作用不仅限于世界政治法制化,而且是向着法治化的方向发展。

首先,国际法治化相较法制化是一个更宏观的概念,除了包含正式的国际条约之外,还包括一些未经阐明的国际习惯等诸多自然法意义上的国际法。斯蒂芬·图普在对"世界政治法制化"概念提出批评时,就指出约瑟夫·里欧纳德·戈尔茨坦(Joseph Leonard Goldstein)等人对法律的理解根植于哈特的实证主义法学理论,将研究对象仅限于正式的、以条约为基础的法律规则,忽略了国际习惯的意义以及法律对社会的塑造作用。事实上,全球法治还依赖于国际规范。正是隐性的规范原则为显性的规则提供了运行的框架。斯蒂芬·科克斯认为有八种构成性规范,前三个是长期存在的原则,包括国家主权平等、不干涉他国政治以及善意原则(即"条约必须被遵守"),后五个是新近的一些规范,如和平解决争端,尊重人权以及国际合作等等。

　　其次,由全球治理实践所产生的国际法治化还促进了国内法与国际法的融合。何志鹏教授认为国际法治是维护国际秩序和促进全球治理的有效手段。车丕显教授则论证了国际法治与国内法治在内核上的同一性。赵骏教授进一步指出了国际法治是国内法治的延伸和发展,二者统一于全球治理的进程中。全球治理机制应当首先符合形式主义和实质主义法治的要求。在形式上,全球治理必须有法可依,全球治理规则的制定必须以民主方式进行,全球治理机制必须逐步制度化;在实质上,全球治理机制应当体现法治的核心理念和价值;必须形成国际社会法治共识。因此,通过全球治理,国际法和国内法的断层被弥合了。最典型的例子就是在国际投资法律制度中,国内法与国际法穿插交融,体现了较高的国际法治化水平。

　　最后,全球治理还促进了国际宪政秩序的萌芽。一般而言,法治与宪政息息相关,没有一套完善的宪政体制,法治是不可能实现的。在国内领域中,良好的宪政体制是一个稳定的法律等级架构,必须是以一部较为完善的宪法或一套成熟的宪法性文件作为核心,同时要以刑法、行政法、诉讼法、经济法等一系列公法性法律为支撑,还需要以民商法等私法性法律作为重要内容。在国际领域,尽管没有一部真正意义上的宪法,但随着全球治理的深入,国际社会同样也表现出了一些宪政色彩。主要体现在下面三个方面。

　　第一,《联合国宪章》在一定程度上具有国际宪法的功能。《联合国宪章》所确立的现代国际法基本准则是许多国际条约合法性的重要来源和制定依据,具有很强的"母法"性质。《联合国宪章》第一百零三条也指出:"联合国会员国在本宪章下之义务与其依任何其他国际协定所负之义务有冲突时,其在本宪章下之义务应居优先。"这说明《联合国宪章》中的条款在理论上相较其他国际条约享有较高的位阶。

　　第二,国际法已经发展出了一套强行法,其对国家主权作了进一步限制。强行法在《维也纳条约法公约》第五十三条中得到了充分体现:"条约在缔结时与一般国际法强制规律抵触者无效。就适用本公约而言,一般国际法强制规律指国家之国际社会全体接受并公认为不许损抑且仅有以后具有同等性质之一般国际法规律始得更改之规律。"根据该条文可以看出:①强行法具有普遍性,是国际社会的共识;②强行法的效力优于其他国际法规则,一切与强行法相抵触的国际规则都是无效的,除非该规则本身成为新的强行法;③强行法具有稳定性,换言之,国家通过缔结条约等方式废除或规避强行法规则的做法在法律上是无效的。尽管关于强行法的具体内容和确切定义仍然莫衷一是,但从理念上来说,强行法与国内法中的宪法具有相同的性质,都具有普遍性、效力优先性和稳定性。

第三,国际行政法概念的提出从另一个侧面反映了国际宪政思想的发展。一般而言,宪法是比较笼统的,仅对公民的基本权利和义务、国家机关职能等作出原则性的规定,而行政法则是宪法原则的拓展和细化,是宪政的重要保障。从逻辑上讲,行政法以宪法的存在为前提,是宪政和法治化发展到一定程度的产物。目前,在国际法领域,已经有学者提出了全球行政法(global administrative law)的概念。按照西方学者的理解,一方面,随着全球治理进程的开展,国际组织对个人的影响日益加强,极有可能涉及个人的权利;另一方面,在国内领域,个人的权利受到宪法和行政法的保护,国家机构是由公民选举产生的,必须在法定的框架下运行,而在国际层面,国际组织的产生和运行缺少公民的直接参与。综合这两方面的原因,国际社会有必要通过构建一套全球行政法,将国际组织的"行政"行为纳入法治的框架下,从而达到弥补公民的直接参与。虽然这种理解带有很强的西方宪政主义色彩,但是却从另一个侧面反映了一个现象,即在国际法领域中宪政主义思想已有所萌芽。

总之,随着全球治理的深入,国际法治化不仅是国际法律制度在量上的增多,更是一种质的变化,表现为正式规则与非正式规则的统一,国内法和国际法的融合以及国际宪政思想的萌芽。

(四)全球治理视角下国际法何以被遵守

1. 自上而下治理模式中国际法何以被遵守

国际社会结构的变化是国际法发展的前提。随着国际社会向法治化和宪政化的趋势的发展,组织的秩序和外部规则在国际社会中得到了日益显著的表现。一方面,联合国等国际组织广泛参与了国际法的制定、编撰和缔结活动,在形式上与国内立法机构制定法律具有一定相似性,表现为"国际立法"。另一方面,随着国际组织在数量上的增加、能力上的增强以及互动上的增多,一个巨大的国际组织网络已经形成,进一步推动了国际社会组织化的趋势。

正如上文所述,国际社会法治化和宪政化主要是由全球治理实践所推动的,而全球治理的主要模式就是自上而下的治理,它本质上是组织的秩序的体现。首先,全球治理的目的是解决某个全球性问题,因而自上而下的全球治理进程有明确的组织目标。其次,在机制体制建构过程中,自上而下的治理模式在顶层实现了价值生成与规则建构,这个过程就像国内统治者制定外部规则一样。自上而下的治理模式一般表现为框架公约加议定书的模式。其实,框架公约很大程度上是软法,它除了具有国际法规则的属性外,还是全球治理价值的体现,而议定书则具体规定了行为体的权利和义务。再次,自上而下治理模式中的国际法规则一般以制定法为主要法律形式。治理主体直接通过国际公约的形式,将各行为体享有的权利和义务以成文的形式规定下来。最后,自上而下的治理形成了一种纵向的国际社会结构,在该结构中,国际法很大程度上表现为共同体的法律,因为任何一国违反治理中国际法规则的行为,都是对所有参与治理的行为体和整个治理体系的损害。

因此,尽管国际社会的基本特征是无政府状态,但全球治理进程在很大程度上执行了"世界政府"的职能,让组织的秩序和立法的法律在国际社会中得以彰显。所以,有些学者将"全球治理"等同于"国际组织"或"世界政府",其实是看到了全球治理对国际社会结构的根本性影响。

当然,国际社会中的组织的秩序和立法的法律并非全部由全球治理实践产生,奉行单边主义的国家通过建立单边体系同样可以构建一套组织的秩序。同理,奉行单边主义的国家也可以不依靠全球治理实践,而是凭借其自身的权力支撑起一套规则体系,此时奉行单边主义的国家的意志和命令很大程度上就是国际法。部分西方国家曾经在贸易、投资、航海等领域建立起来的秩序架构和法律规则就具有这种特征。这种法律建构模式在本质上与奥斯丁的"法律命令说"基本吻合。

无论是奉行单边主义的国家的"命令",还是自上而下的全球治理模式都可能建立起组织的秩序和外部规则,但两者在性质上却截然不同。法国著名法学家莱昂·狄骥(Leon Duguit)曾对公法的变迁作了精辟的论述,他认为有两种性质不同的公法,一种是基于主权命令式的公法,另一种是满足服务的公法,而随着社会的变革,前一种公法正在向后一种公法变迁。在国际社会中,组织的秩序和外部规则同样是按照狄骥所观察到的模式在发生变迁。虽然在国际层面不存在一个拥有主权的世界政府,但仍然存在一些活动是以一种"主权命令式"的方式而展开的,因而他们之间形成的国际法规则就类似于狄骥所说的主权命令式的公法。当全球治理实践出现后,行为体的主要目标就是为了创造和提供更多国际公共产品,从而促进共同体的整体利益,在此背景下产生的公法就是为了满足国际公共服务的公法。

既然自上而下的全球治理模式可以被理解为一种组织的秩序,那么在这种治理模式中的国际法主要表现为一种立法的法律,所以其遵守就要依靠外部强制力,这点完全符合国际法遵守理论中工具主义学派(特别是执行理论)的观点。然而,问题是到哪里去寻找这种外部强制力?关于这个问题,霍布斯的社会契约论就具有较强的解释力。全球治理虽然不以建立"世界政府"为目标,但其权力来源依然是由参与治理的行为体以类似社会契约的方式让渡给治理机制。基于此,治理机制可以拥有一定权力和资源去施加强制力,以促进国际法的遵守。当然,相较国内社会而言,全球治理所形成的组织的秩序是一个脆弱的秩序。在国内社会中,由政府所构建的组织的秩序毕竟具有一定稳定性,而在国际社会中,全球治理进程归根到底是行为体自愿参与的,当某个重要行为体选择退出治理进程,则该领域的治理就会遇到很大麻烦。

2. 自下而上治理模式中国际法何以被遵守

在纯粹的自下而上治理模式中,价值生成和规则演化与自上而下的治理模式完全不同,它不会形成组织的秩序与立法的法律,但与法律进化论的思想相符合。当然,按照哈耶克的观点,依法律进化论所生成的法律是自生自发秩序下的自由的法律,但由于自生自发秩序的形成需要一定条件,因此不能说自下而上模式开展治理实践必然会形成自生自发秩序,但至少可以说它为自生自发秩序的形成创造了可能。

自下而上的治理模式中的国际法规则是由行为体自发形成的,很大程度上体现出私法性质的规则,而且也较多表现为习惯法。首先,纯粹的自下而上的治理模式依靠行为体的自治力,行为体在问题出现的同时,通过不断的互动和调试自我寻找解决方案。比如在国际贸易领域,关于合同的订立、货物运输中的费用和风险承担、货款的支付等原本都是令从事贸易的商人非常头疼的事情,但这些商人凭借其聪明智慧,不断寻找最适合的商业模式与制度规则,最终演化出一套比较成熟有效的法律规则。其次,自下而上治理模式中,行为体订立的规则的私法性质体现在两个方面。一方面,从法律生成的主体来看,自发形成的国际法规则不依赖一个国际层面的实体,都是许多私主体;另一方面,这些私主体之间适用规则主观上是为了追求自己的私利,而非为了共同体的利益,私主体对参与治理在主观上甚至是无意识的,但在客观上确实已经参与了全球性问题的解决。再次,自下而上治理模式中的法律在形式上一般先以习惯法为主,随后通过法典化,并经过国家的认可逐渐上升为制定法。在国际贸易领域中,商业惯例逐步发展成为制定法的例子比比皆是。同时,在纯粹的自下而上的治理模式中,行为体并非在一套纵向的国际社会结构中运行,而是在横向的社会网络中运作。最后,在自下而上的治理模式中,行为体必须在不断的互动、实践和试错过程中找到最适合自身发展的法律规则,并将个体利益与整体利益有机统一。由于自下而上的治理模式具有很强的灵活性,这就为规则的生成、修改、调试与废除提供了方便,有利于规则的进化。

既然自下而上治理模式中法律的演化同进化论思想相符,那么在这种模式中国际法规则要得到遵守只能依靠行为体自身对规则的认同与服从,即基于规范的遵守。因此在这种模式下,规范主义学派的国际法遵守理论(特别是管理理论)比较具有解释力。在纯粹的自下而上治理模式中,不存在一个实体能够施加外部强制力以保证法律的遵守。更重要的是,自下而上治理中的价值是由行为体自己所创造的,他们自发生成的国际法规则是表达这种价值的载体,因此基于对治理价值的认同,行为体必定对规则也会表现出较高程度的遵守。

3.两种模式转换过程中国际法的遵守

前文对两种治理模式下国际法遵守的论述都是在横向治理进程中,即以一种静态的视角来观察,但从动态的视角来看,在纵向的治理进程中,自上而下的治理模式与自下而上的治理模式可以互相转化、互相融合。

经过较长时期的治理实践,自上而下的治理模式可以孕育并发展出一套自下而上的治理模式,就像组织的秩序可以转化为自生自发秩序一样。在这种情形下,通过"教授"与"学习"的过程,治理价值为越来越多的行为体所认同,行为体因此对国际法规则会从表面上的服从转化为内心的认同。一方面,全球治理通过国际机制将国际法价值和规则"教授"给相关行为体;另一方面,通过行为体自身有选择、能动地"学习",这些国际法规则逐渐被行为体所接受并内化。简言之,国际法规则的内化过程就是通过"教与学"双向互动实现的。

杰弗里·切克尔(Jeffrey T.Checkel)清晰地概括了国际机制与行为体"教与学"的互动关系及其对国际法遵守的影响。切克尔提出了三个阶段。

首先是奖惩机制的建立。在这一阶段,国际组织提供了一套工具主义的物质性动力来规范行为体的行为:行为体遵守规则会得到奖励,而违反规则会受到处罚。其次是角色扮演。在这一阶段,国际组织要求行为体承担某种角色所赋予的责任,此时虽然行为体较多还是被动的,但在前期奖惩机制的驱动下,在其他行为体对它的期待中,还是不得不接受该角色。最后是规则劝服。此时,在这一阶段,行为体逐渐意识到规范的重要性,并且主动承担角色所赋予的责任,积极履行规范指向的规则义务。经过了这三个过程,行为体实际上就完成了社会化,并形成了对国际法稳定而持久的遵守。

自下而上的治理模式同样也会产生对自上而下治理模式的内生性需求,就像自生自发秩序的真正成型,最终还是要依靠组织的秩序作为保障。自由市场经济若完全采取放任态度,则会产生"市场失灵"现象,从而要求建立一个灵活高效的政府来进行宏观调控,自下而上的治理模式本质上是行为体的自治,如果没有自上而下的治理模式进行规制与协调,还是容易出现"治理失灵"现象。就像狄骥所指出的那样,随着社会文明的发展,公众交往日益频繁,因此要求政府承担更多的公共服务职能,自下而上的治理也促使国际社会提供更多公共产品,从而要求国际社会建立自上而下的治理架构。

综上所述,从全球治理的视角出发,在一个较短的时间段内,自上而下的治理模式中的国际法遵守主要依靠外部强制力,而在自下而上的治理模式中主要依靠行为体对规则本身的认同。经过一个较长的时间后,一方面随着治理进程的不断深入,治理的价值会内化为行为体的价值,国际法规则会通过"教与学"的互动关系被行为体所内化,此时国际法的遵守就实现了从依靠外部强制力到依靠规则本身的规范性的转化;另一方面,纯粹的自下而上治理模式经过一段时间会产生自上而下治理模式的内生需求,此时国际法的遵守就不能单单依靠规则本身,还需要国际机制提供一定外部强制力。

第二节 全球治理中国际法遵守的推进策略

一、促进国际法遵守的策略

促进国际法遵守的措施有很多,但大致可以分为两类。一类是技术性措施,即通过科技手段的创新来促进遵守。例如,为防止因游轮漏油造成的海上油污污染,游轮制造商和运营商给游轮加装了隔离压载水舱,此举有效防止了漏油事故的发生。另一类是制度性措施,即直接针对国际法和国际机制的制度安排来实施相应措施。第一类措施在笔者讨论的范围之外,因而下文主要讨论制度性措施。

(一)国际制裁

国际制裁是制裁实施者全面或部分中止与被制裁对象的物质或非物质往来,从而迫使后者结束违法状态或按照法律要求改变行为。国际制裁的手段包括武器禁运、经济制裁、旅行限制、中止在国际组织的成员资格等。制裁所针对的对象可以是国家行为体,也可以是非国家行为体。无论采取什么形式的制裁,其最终目的不外乎两个:一是增加行为体的违法成本,从而阻遏可能出现的违法行为;二是在违法行为发生后,对被制裁对象施加惩罚,以使其停止违法行为或回到谈判桌前。随着国际法禁止使用武力原则的确立,国际制裁就成了更加经常使用的手段。在类别上,制裁可以分为单边制裁和集体制裁。①

国际制裁,特别是单边制裁往往在缺少法律授权的情况下实施,而反措施却是一种制度框架内的制裁手段,同样也具有促进国际法遵

①耿卉. 全球化背景下国家治理的国际法路径探讨[J]. 法制博览,2018(18):194.

守的功能。比如,世贸组织法规定,国家可以在法律条件满足的情况下采取反倾销、反补贴以及特保措施,这些贸易保护措施其实就是国家采取的反措施。

根据国际法委员会所编撰的《国家对国际不法行为的责任条款草案》的相关规定,反措施是指违法行为的受害者对违法者采取的报复性措施,以使其履行相关责任。反措施具有以下几个特征。

第一,临时性。反措施旨在促使违法者履行义务,而非纯粹为了制裁而制造事端。因此,当违反法律的国家已经采取有效的补救措施停止不法行为时,或者已将相关争端提请磋商、仲裁或诉讼时,针对该违法国家的反措施就应当停止。

第二,限度性。反措施不能与国际法强制性规范相抵触,不能使用武力或以武力相威胁、违反人权、侵犯第三国的权利或违背其他重要的国际法规则,如外交或领事豁免等。

第三,比例性。反措施应当与不法行为的强度比例相当,不能严重超出不法行为的损害范围。反措施如果超出必要限度,那么就构成了新的侵害,这就与该制度的初衷相悖。

由此可见,国际制裁和反措施基本是按照国际法遵守理论中工具主义学派的思路运作的,其原理都是引入外部强制力以增加违法成本。

(二)国际监督机制

监督机制(monitoring mechanism)是指为促进国际法的遵守,对参与国际机制行为体的具体行为进行检查或调查的制度安排。

目前,国际规则的制定者在很多领域都专门设计了监督机制,如在国际劳工、人权、环保、南极与外空、国际经济等问题领域都有相似的制度安排。通常,这种监督是依靠内置的监督机构或条约机构(treaty body)实现的。比如,在国际人权法领域,联合国人权理事会是人权法律监督机制的主要机构,对各成员国的人权情况开展定期审议和督促;除此之外,联合国的各个核心人权公约分别设有各自的条约机构,由独立专家组成,负责对具体公约的遵守情况进行监督。

从功能上看,国际监督机制包括四种主要形式:一是定期报告(reporting),即被监督对象就国际法遵守情况提交报告,供相关机构审查,如参加人权条约的国家须定期向条约机构提交人权情况报告。二是核查(verification),即监督机构自行通过现场调查或其他方式对遵守情况进行评估。三是对抗性程序(confrontational procedure),即监督机构依照符合要求主体的请求而采取的调查行为。例如,根据国际人权法,应遭受人权侵犯的个人之请求,人权委员会可以对人权违反情况主动进行调查。四是预警机制(alarming mechanism),即通过收集信息的方式,对可能出现的违法行为进行监控,如联合国环境规划署建立的全球环境监测系统。在具体制度设计中,这四种措施会被配套使用,或加以适度变形,但其核心本质是一样的。

(三)指数监督

指数是一组被命名的有序数据,用以表现不同单元过去和未来的绩效。指数的产生是通过一套程序,将复杂社会现象中的原始数据予以简化。经此简化处理后的数据,可以用来比较特定分析单元(如国家、机构或公司),从而按照一个或多个标准对其进行同步或长期的绩效评估。指数监督是国际监督的一种新形式,在全球治理实践中得到了日益广泛的运用,如在国际安全治理、气候治理、发展治理、卫生治理和人权治理等领域,指数监督都发挥了重要作用。英国华威大学全球化与地区化研究中心专门构建了一个数据库,列举了两百多种影响力较高的指数,其中包括"人类发展指数"(Human Development Index)、"脆弱国家指数"(Fragile States Index)、"全球清廉指数"(Corruption Perception Index)等具有较高知名度的指数。

指数之所以具有监督功能,是因为它会对行为体的声誉造成影响。指数公布后,实际上就是把各行为体的表现情况公之于众,指数排名就类似于点名,可以迫使行为体作出反应。从这个意义上讲,指数监督与国际法遵守理论中的"3R理论"契合度较高,因为指数监督可以直接作用于行为体的声誉。鉴于此,有学者认为,指数监督与国际监督具有同样的治理效果。

然而,指数监督与一般意义上的国际监督在性质上有很大差异,表现在两个方面。一是相较正式的国际监督机制而言,指数监督给非政府组织、学术团体及个人等非国家行为体参与治理提供了通道,适应全球治理非正式化与私有化发展趋势;二是国际监督是规范的治理路径,强调规则的顶层设计,并自上而下地监督底层对规则的执行情况,因此它要求有明确的法律义务作为先决条件;而指数监督并不要求明确的法律义务,它仅仅是按照标准化的方式记录并公开行为体的实际表现,因而可以适用于对软法(soft law)的监督。

(四)争端解决机制

一般认为,争端解决机制是一方对另一方的主张或请求所涉及的事实、法律或政策问题产生分歧后所采取的措施,因此表现为违法行为发生后的纠正和救济措施。但其实国际争端解决机制不仅仅是一种救济措施,它还具有促进国际法遵守的功能。

第一,有效的争端解决机制可以震慑违法行为。经由争端解决机制,受害方可以有理有据地向违法方提出赔偿或要求国际机构对其进行惩罚,因此可以起到阻遏未来可能出现的违法情形的作用。理论上,违法者不仅将受到物质上的惩罚,还将受到国际声誉上的损失,因而争端解决机制同样具有强制力。

第二,争端解决机制可以使法律规则更加明晰。在英美普通法国家,遵循先例是司法的重要原则之一,因而法院或仲裁庭的判例是法律的重要渊源。国际争端解决机构中虽然没有遵循先例的规定,但法官或仲裁员在裁判案件时会参考之前的判例,并尽量保证裁判的一致性。因此,判例虽然不能作为裁判依据,但可以在裁判理由中充当解释法律的重要材料,这在国际法庭和仲裁庭中非常普遍。特别是那些在法学理论中特别模糊的规定,法院的判例就是最权威的解释。这就意味着,争端解决的过程其实就是法官对法律的权威解释,法律规则经过阐明,其含义就变得更加明确。此外,国际法院还可以就国际法问题提出咨询意见,这直接有助于增加法律的清晰度。因此,管理理论所提到的那些纯粹因法律规则模糊性而导致的不遵守现象就能通过争端解决机制的释法功能得以避免。

第三,争端解决机制具有丰富和发展法律规则的功能。全球治理是一个复杂的进程,许多情况是规则制定者在起草和谈判过程中无法预见的,而争端解决机制通过对规则的不断解释,可以弥补制度漏洞,丰富和发展规则本身。

第四,争端解决机制还可以提高行为体对法律的信心,进而形成遵守法律的文化。作为法治的重要组成部分,争端解决机制有助于提升各方对法治文化的尊崇。因为争端解决机制的存在,法官、律师、法学家等具备法律专业素养的团体将起到更加重要的作用,由此便形成了的知识共同体,更加有利于营造国际法治文化氛围。

具体而言,争端解决机制包含了三种类型的机制:沟通机制、仲裁机制和诉讼机制。

沟通机制包括协商与调解措施。前者是指当争端发生后,由当事方直接接触、摆明立场,为消弭分歧提供了机会;后者是指争端当事方在中立第三方的帮助下解决争端。在很多情况下,沟通机制会被作为启动仲裁机制或诉讼机制的前置程序,如世界贸易组织争端解决机制就将磋商作为成立专家组的前置程序。

国际仲裁也是非常常见的争端解决方式,如国家仲裁、国际商事仲裁以及投资者—东道国国际仲裁等。仲裁可以是临时仲裁或机构仲裁,其基本模式相似,都是由争端方选择仲裁员,就特定事项进行裁决。国际上的仲裁机构数量非常之多,每年会处理大量法律争议,许多机构从建立到现在已有很长的历史,这表明国际仲裁已是非常成熟的制度。

国际诉讼机制是争端解决机制的核心内容,它通常是在国际审判机构中开展的。国际审判机构在形式上有常设的,也有临时的,前者如国际刑事法院,后者如前南国际法庭;在审判权限上有综合性的,如国际法院,也有专门性的,如国际海洋法法庭;在地域性上,还有很多区域法庭,如欧洲人权法院、美洲人权法院等。相对于国际仲裁,国际诉讼具有以下特点:第一,司法化程度更高。首先,很多仲裁都是在非常设机构中开展的临时仲裁,而诉讼基本上都是在制度化的常设机构中进行;其次,仲裁大多采取"一裁终局"制,而有的诉讼机制设有上诉程序,可以对一审中的错误裁判进行纠正;最后,仲裁员一般并非全职,只有需要审理案件时才由当事人从名单中选出,而在审判机构中的法官则是全职、全薪的。第二,透明度更高。仲裁大部分采取秘密仲裁制,裁判过程不对外公开,但诉讼大部分采取公开审判,因此诉讼程序对于法律的发展作用更大。第三,诉讼的程序更加严格。仲裁规则可以由当事方选择或约定,而诉讼程序则必须适用法庭早已确立的程序规则;当事方在仲裁员的选择上也具有较大权利,而诉讼则是由法庭选择审判人员。目前,国际诉讼制度已经非常发达,各种国际、区域、专门法院在管辖权划分、判决承认、规则适用和法律解释上也有不协调之处,以至于有的学者认为国际诉讼机制已过于泛化。因此,国际诉讼机制未来发展的方向可能会模仿国内法体系建构一套统一的管辖规则。

(五)能力建设

履行法律义务本身也需要具备一定能力,一要有对法律和制度的知识,二要有监督法律执行的制度框架及配套的人、财、物,三要有适应规则变化的经济能力。这对于发达国家而言不是一个太大的问题,但对发展中国家而言往往是阻碍其履行国际义务的重要原因。

针对以上问题,能力建设(capacity building)就是最好的解决办法。能力建设可以是国家间的,比如发达国家对发展中国家的单向援助;也可以是国际组织对个别国家的,比如世界银行、国际货币基金组织的援助项目;还可以是整个治理机制所共享的,如在气候变化领域,"绿色气候基金"就是一个典型的能力建设措施,它旨在为实现《巴黎协定》的目标提供资金贡献。

奥兰·扬认为,能力建设是一种软遵守路径(soft compliance path),符合国际法遵守理论中管理理论的思路;它的优点在于可以在促进国际法的遵守的同时不牺牲其他高级治理价值,因而适用于因遵守能力不足而导致的善意不遵守。能力建设通常还可以同其他遵守措施配合使用,特别是在监督机制中,由于监督所需的监测设备以及报告的撰写与提交等都会耗费治理机制的资源,因此能力建设通过对遵约机制的赋能可以间接促进国际法的遵守。当然,能力建设作为一种制度措施最终能否实现还取决于援助者的能力和意愿,历史经验表明,发达国家往往在能力建设上口惠而实不至,从而导致能力建设制度的有效性受到减损。

当然,上述遵守措施并不是对所有遵守措施的完全列举,在实际的制度设计中,各种促进遵守的措施会作相应改进或组合使用,但无论怎么变化,总能在国际法遵守理论中找到对应的理论依据。

二、全球治理进程中遵守措施的设计

不同的遵守措施在强制力、合法性和结构性上属性各有不同,如何将其合理配置到具体的全球治理进程中,使之得以发挥促进国际法遵守的作用是最为关键的问题。既然遵守措施都有促进国际法遵守之功能,那何不索性将所有遵守措施统统加载到某个治理机制中?事实上,这种想法既不具有可操作性,也不具有实效性。在资源有限的情况下,遵守措施的设计总目标是最大化地发挥促进国际法遵守的效用,因此必须遵循经济原则、合法性原则和兼容性原则。

(一)遵守措施的设计原则

1.经济性原则

国际机制是全球治理的资源,具有实用性和稀缺性,这就意味着在全球治理的制度设计中需要衡量制度的成本和收益。遵守措施作为国际机制的一部分,也要耗费治理主体大量的人力、物力和财力。在人力上,能够参与到相关机构中工作的人才相当稀缺。例如,在国

际监督机构中能够胜任的国际公务员并不多;在国际法庭和仲裁机构中能够担任法官或仲裁员的人选就更加匮乏。在物力上,许多遵守措施的执行机构要求有固定的办公场所和一系列的相关配套设施。在财力上,某些遵守措施每年的开销相当可观。

此外,在机制设计中,并非制度越多、越复杂效率就越高。叠床架屋的制度安排不仅会消耗治理资源,还会导致部门间互相推诿,从而影响治理机制的整体效率。因此,在制度设计上,应当遵循"奥卡姆剃刀原理",如无必要,不必增加制度安排。

总之,在遵守措施的制度设计中,因为资源的稀缺性和制度效率最大化的要求,需要遵守经济原则。这就意味着,在为全球治理的机制中设计遵守措施时,必须根据实际情况在前述的几个遵守措施中有所取舍、合理安排;若将所有遵守措施都用到治理机制的建构中不但不现实,而且很可能无法起到预期效果。

2.合法性原则

全球治理是基于规则的治理,这就要求治理机制必须符合国际法治化的要求,因此,遵守措施的合法性也是制度设计的重要参考。遵守措施若要长期有效,必须具备合法性,否则会遭到行为体的反抗或抵制,导致其无法正常运转,或者要付出高昂的成本。

另外,许多复杂的全球性问题需要一个长期的治理过程,这就意味着即便有些遵守措施可以在短期内达到非常好的效果,但如果其在合法性上有欠缺之处,长期看效果可能会大打折扣。

3.兼容性原则

兼容性原则指遵守措施的设置要与全球治理的模式相符合,从而可以同既有国际机制配套。全球治理会因所要解决的具体问题的不同形成并发展出不同的治理模式和治理机制。治理模式可能会随着治理进程的深入发生变化,如全球气候变化治理;不同的全球性问题也会产生不同的治理模式,比如同样是在全球经济治理领域,投资问题与贸易问题的治理模式就沿着两种路径演进。正因为此,在制度设计或改革时,就要充分考虑到新的制度是否与既有的治理模式相符。就遵守措施的设计和配置而言,兼容性原则就要求制度设计者根据既有治理模式的特征,安排相应的遵守措施。

(二)横向治理进程中遵守措施的配置

1.自上而下的治理模式

自上而下的治理模式在法哲学中体现了一种组织化的色彩。首先,全球性问题在国际层面上得到了重视,形成了一定的共识,凝聚成全球治理的基本价值理念;其次,行为体在国际层面上通过顶层设计,搭建起全球治理的制度框架;最后,这种顶层制度规则向中层和底层的行为体施加影响力,要求其按照规则规定,积极开展某种行为或竭力克制某种行为。在此过程中,由全球共识形成的价值理念也由上到下传播渗透,影响中层和底层行为体的价值观。从这个意义上讲,自上而下的模式就相当于建立了一种共同体;这其中,治理的目标就是共同体的目标,治理的价值就是共同体的机制,行为体需要以共同体的共同利益为重,某个行为体违反了法律规则,不是对另一个行为而是对整个共同体承担责任。

组织的秩序和外部规则需要依靠外部强制力以保证规则的效力,从而保证中层和底层的行为体能够遵守规则。因为外部规则本身并不能令行为体基于规范而遵守,行为体在这种规则体系下有很强的违法动机,所以唯有赋予规则以强制力,增加行为体的违法成本,才能有效阻遏违法行为。正如曼瑟尔·奥尔森所言,除非在集团成员同意分担实现集团目标所需的成本的情况下,给予他们不同于共同或集团利益的独立的激励,不然的话,如果一个大团体的成员有理性地寻求使他们的自我利益最大化,他们不会采取行动以增进他们的共同目标或集团目标。这就意味着,在自上而下的治理模式中,行为体很难自动放弃对私利的追求而主动维护共同体的利益,因此必须配以外部强制力较高的遵守措施,才能保证规则得到遵守。

具体而言,首先,根据经济性原则,在资源紧张的情况下,争端解决机制以及能力建设等无法提供足够外部强制力的遵守措施就可以不予考虑了；指数监督措施中，一些非权威性机构建立的指数因缺乏足够的外部强制力也可以被排除出机制设计的考虑范围。其次，根据兼容性原则，自上而下的模式是一种纵向结构，因此，反措施作为一种典型的"双务性"措施并不适合；同理，使用单边制裁措施也不能适用，只有共同体授权使用集体行动或制裁才与自上而下的治理模式相兼容。最后，根据合法性原则，在制裁与国际监督之中，若使用方式和目的不具有法律正当性，则同样不应当被采用，只有在实体和程序上具有充分合法性的措施才能持久地发挥促进法律遵守的作用。

综上所述，在自上而下的治理模式中，促进国际法遵守的措施宜首先考虑集体军事行动、集体制裁机制或国际监督机制，但前提条件是这些机制在设立和运作过程中得到了广泛的参与和支持，从而具备了较高的合法性；鉴于集体军事行动和集体制裁往往难以获得较高的合法性，国际监督机制其实是最佳选择。当然，在资源充裕的情况下，还可以考虑设置指数监督和能力建设措施。

2. 自下而上的治理模式

自下而上的治理模式是以最终形成自生自发秩序为目标。首先，底层的行为体在长期的互动实践过程中形成了习惯；其次，中层行为体通过承认和认可这种习惯，并在国家实践中形成法律确念；最后，习惯在国际层面上得到确认，或者以条约的形式被固化，或者以判决或仲裁的形式被发现。因此，自下而上治理模式的特点就是法律规则由底层行为体决定，价值理念由底层向高层传递。在此过程中，虽然有制度网络的存在，但没有组织的秩序的生成。底层行为体虽然主观上以自我利益最大化为目标，但在客观互动和交流中却形成了一套无形的秩序体系和法律规则。在自下而上治理模式下形成的法律规则就像卡塞斯所言的个人主义的规则，因为在这种秩序中，行为体并没有共同体意识。但就像亚当·斯密的经济学理论一样，追求个人私利的行为体主观上虽然没有共同体意识，但客观上最终却能够形成一套符合共同体利益的体系。

在自生自发秩序下,法律是由行为体之行动而非设计产生的,经由进化的选择而生成,故行为体的利益与法律高度一致,在这种情况下,法律便内化为行为体的信仰,成为其习惯养成。此时,法律的强制力来源于内部规范效力,即共同体中所有行为体对它的信念,而非外部强制力。因此,自下而上的治理模式如果发展成熟并趋向形成一种自发自生的秩序,则法律的遵守程度会相当之高,而违法现象则会极其罕见。在这种情形下,基于经济原则的考量,遵守措施宜优先考虑争端解决机制,其次可以考虑指数监督、反措施和能力建设。从兼容性原则出发,单边的行动或单边国际制裁也可以适用于自下而上治理的横向结构中,但考虑到合法性因素,这两种手段并不符合现代全球治理法治化的要求。

总之,在自下而上的治理模式中,在条件允许的情况下,合法性程度较高的争端解决机制是较好的选择,但是争端解决机制实际效果还取决于自下而上的治理的成熟程度,不成熟的自下而上治理若配以争端解决机制可能会受到一定质疑。反措施、指数监督和能力建设在经济性原则允许的情况下也可以被纳入治理机制中;国际监督、集体安全和集体制裁在兼容性上不符合要求;而个别军事行动或制裁措施因在合法性上存在很大问题,原则上也不应采纳。

3.纵向进程中遵守措施的配置

前文从横向进程出发,对两种不同的治理模式中遵守措施的配置问题进行了讨论。在现实世界中,治理还表现为一种由浅入深的纵向进程。长期看,自上而下的模式与自下而上的模式完全可以在同一个治理领域共存,行为体的多元互动、规则的相互交织以及遵守措施的长期效应会成为干扰变量。因此,在对全球治理实践的研究中加入时间维度非常重要,要区分治理初期阶段和中后期的不同,对理论做进一步补充。

（1）自下而上模式的初期与软法的选择

理论上，自下而上的治理模式需要配以外部强制力较大的遵守措施，然而行为体在治理初期往往会选择软法；在这种情况下，外部强制力较大的遵守措施可能根本无用武之地，因为国际规则的主要内容并不要求行为体对既有行为作出重大调整。

所谓软法是指没有法律拘束力的类法律文件，例如那些不具拘束力的决议、宣言以及由政府或私人组织制定的指导文件等。软法有诸多形式，除了定义中列举的以外，还包括框架协议、行为准则、行动计划、政策声明等。阿伯特和斯奈德认为，软法和硬法之间并没有清晰的界限，任何规则都可以用义务（obligation）、精确（precision）和授权（delegation）三个指标进行衡量。所谓义务是指规则对行为体调整行为的要求，精确是指规则的含义和范围是否明确，授权是指行为体在多大程度上将权力让渡给上一层的权威。从这个意义上讲，软法就是那些对行为体规定义务较少，内涵和外延比较模糊，授予国际制度较少权力的规则。

行为体之所以在治理初期会选择软法，主要有两方面的原因。一是软法本身具有许多优势。首先，软法签约成本（contracting cost）较低，因而比较容易达成。国家签署硬法通常会比较谨慎，需要经过艰苦的谈判，而软法因其拘束力较弱，往往只是一些理念性的宣誓，因此比较容易取得共识。其次，软法对国家主权的限制较小，而在同等条件下，国家会选择对其主权限制最小的制度。因此，对于那些国内争论较大的议题，在国际层面上达成软法是较为现实的选择。再次，软法的模糊性可以对冲现实中的不确定性。各国全球性问题往往比较复杂，因此国家在治理初期面临着高度的不确定性，难以把握治理进程对自身利益的影响。为了应对不确定性带来的风险，国家会倾向于选择制定模糊的规则，从而为今后的政策调整预留出空间。最后，软法有利于促进不同行为体之间的妥协。软法是国家行为体和非国家行为体、强国和弱国都能接受的一种形式，这样就为行为体间未来的互动打下基础。二是有些全球性问题本身只是一个纯粹的协调问题（issue of coordination），只要各方协调立场既可以实现治理目标，而无须对行为体施加实质性的义务，比如世界时区的设立、地理经纬度的划定等。这些问题都无须通过硬法来调整行为体的权利和义务。

基于上述原因，即便在自上而下的模式中，治理初期的国际机制中通常不会对行为体的权利和义务作明确且严格的规定。当治理深入到一定阶段后，各方认为有必要继续推动治理进程时，才会有一些硬法性质的规则出现。此时，具有外部强制力的遵守措施可以被嵌入治理机制中，从而为促进硬法的遵守服务。行为体之所以会逐渐接受硬法，主要有五个原因：一是在经过了较长时间之后，行为体对治理针对的具体问题有了较为清楚的认识，因此对不确定性的感知有所降低；二是通过频繁的互动，行为体之间对彼此形成了一定的预期，从而可以判断出其他行为体是否有动力继续推进治理进程；三是经过了较长时间的实践，原本比较模糊的规则有了实践的支撑变得逐渐明晰起来；四是治理的价值理念通过不断强化与传递逐渐被行为体所接受，从而建立了更加牢固的共识；五是自上而下治理模式客观上要求行为体作出实质性的承诺，调整既有行为。

这种纵向层面治理进程规则体现了从软法到硬法的过渡。在全球人权治理中，这种进程得到了很好的诠释。1948年12月10日，联合国大会以大会决议的形式通过了《世界人权宣言》。该宣言是一份具有里程碑意义的国际文件，丰富发展了《联合国宪章》的人权原则，其以三十条规定表达了一些原则性的共识，但是无论在形式上还是内容上都算不上硬法。直到随后陆续制定的人权公约的出现，才对各国人权问题作了具体的规定。值得注意的是，在具体人权公约出现后，其相应的条约机构也被建立起来了，从事着国际监督职能。然而，自上而下的治理模式在纵向进程中始终面临着一对矛盾：一方面，治理需要行为体承担更多义务，建立更加强有力的促进措施；另一方面，行为体作出进一步承诺的意愿不足，这实际上就是自上而下治理模式不足的根源。还是以人权治理为例,当治理要沿着自上而下的模式进一步推进时就遇到了一些问题。那些要求更加严苛的条约会受到抵制,因此不得不以任择议定书的形式由国家自行决定是否参与。

(2)自上而下与自下而上的结合及遵守措施的意外效果

自上而下的模式可以孕育并发展出自生自发秩序,并通过自下而上的治理模式得到表现。之所以会出现这种现象,从治理价值的角度看,是因为顶层的价值逐渐被底层行为体所接受,对行为体的具体行为起到了指引作用;从规则的角度看,是因为在长期的互动实践过程中,行为体的实践成为一种习惯,进而形成自生自发的规则,而这种规则又和顶层设计的规则在治理目的和价值理念上一致。在这两种情形中,非政府组织都会起到重要作用。

横向的治理进程对遵守措施的分析是将遵守措施与治理进程相分离,作为两个不同的变量;但从纵向的治理进程看,自上而下模式下的遵守措施本身也是治理实践的一部分,它不仅改变了行为体的利益,也改变了其身份和认同。一来,自上而下模式下的遵守措施强化了治理价值。外部强制通过遵守措施的作用变得常态化、制度化,久而久之形成了一种强制性的文化。每当有违法行为出现后,遵守措施的强制力都会被重新激活,为行为体施加来自组织的惩罚;而每次惩罚实际上就是对价值理念的一次巩固,久而久之就形成了一种文化。此外,自上而下的遵守措施往往都会伴随着非政府组织的参与,对治理价值起到了进一步巩固和强化作用。有些遵守措施如国际监督有非政府组织的大量参与,而有些遵守措施本身就由非政府组织实施,比如指数监督。二来,自上而下的遵守模式改变了行为体的行为,经过长期实践成为一种习惯。特别是当行为体内部的制度建设在此过程中也逐步发展起来之后,遵守国际法就成为一种路径依赖,即便取消对遵守国际法的外部强制力,行为体的遵守行为依然可能维持下去。比如在全球气候治理领域,随着低碳产业的蓬勃发展,碳交易市场的设立以及与节能减排相关的国内法律的出台,许多行为体本身就有充分的动力按照国际气候变化法的要求行动,即便在没有国际压力的情况下。

从这个意义上说,遵守措施可能创造出意志之外的效果(unintended consequences),从而间接促进了自上而下的治理模式与自下而上的治理模式相结合。就其本质而言,这其实就是通过长期实践,促使组织的秩序向自生自发秩序演化。因此,如何在长期实践中,促使遵守措施发挥间接作用同样值得研究。有些强制措施在短期看无法起到很好的效果,但长期看,不排除其在巩固和传播治理价值中的作用。

当然,并不是所有遵守措施都能产生促进自生自发秩序生成的效果。比如,在采取制裁时,完全可能会发生两种情况:一种是积极的效果,即制裁不但直接起到效果,而且还促进行为体最终接受了制裁背后的治理价值导向,形成了自生自发秩序;但同样存在另一种可能,那就是制裁措施遭到被制裁对象的抵制,违背制裁发起国所愿,最终导致治理失败,组织目标无法实现。因此,采取自上而下与自下而上相结合才是更为可行的方法。这就意味着,在遵守措施的设计中,除了考虑措施的直接功能外,还应当考虑如何积极引导自生自发秩序的形成。

第三节 全球治理中国际法遵守案例
——以国际经济法为例

随着经济全球化的进一步发展,国际投资越来越常见。以下笔者以国际投资治理为案例,来阐述全球治理中国际法的遵守。

不同于全球贸易治理,国际投资治理始终没有建立起一个全球性的多边体系。因此,国际投资法呈现出典型的碎片化特征。以全球治理视角观察,国际投资治理进程从开始就沿着自下而上的路径发展。既然如此,国际投资法具体是如何演进的?它是否得到遵守,为何得到遵守或不被遵守?关于促进国际投资法遵守的制度安排是如何发展的？这些问题都有待考察。①

一、国际投资法的演化简史

国际投资法律制度不是理性设计的结果，而是由一些微不足道的、历史偶然事件促成，并一步一步演化而成。因此，国际投资法律制度直到目前尚不存在一个核心的法律文本，大部分法律制度都是行为体在国际投资实践中逐渐形成的，这点既表现在国际投资法的形式渊源上，又表现在其实体内容上。

（一）形式渊源的演化

在形式上，虽然国际投资法的渊源包括世界性多边公约和联合国大会的规范性决议等框架性法律文件，但国内法、友好通商航海条约、双边投资条约、自由贸易协议中投资章节以及习惯国际法等个体主义性质的法律依然是国际投资领域的主要法律渊源。

国际投资法顾名思义是随着跨国直接投资的兴起而诞生的。当欧洲各国相继进入工业化，积累了大量剩余资本后，国际投资行为就出现了；而在此之前并没有任何国际层面的法律规制，各国可以依靠的只有本国的国内法。因此，当时的国际投资关系就类似于霍布斯的"自然状态"，在这种情形下，实力直接决定了投资关系，因而西方国家对国际投资的法律主张自然占据了主导地位。换言之，西方国家的国内法律实际上已取得了主导地位。因为西方国家已经实行了资本主义，私人财产神圣不可侵犯就被视为一种自然权利，所以也成为了投资保护的法理基础。18世纪，瑞士著名国际法学家瓦特尔提出，无论谁损害了一国国民的利益或间接损害了，必须保护其国民的这个国家。这一主张进一步在法理上将西方国家和私人投资者的利益绑定在一起。

随着全球化的深入，以往霍布斯式"自然状态"难以为继，而在投资领域却出现了很多习惯法，这都是行为体在长期实践中反复博弈的产物。这些习惯法的精要就是投资者的母国不再可以随便利用不当

①封玥辉. 全球治理中国际法的地位与作用研究[D]. 哈尔滨：黑龙江大学，2019：23.

行为为国际投资保驾护航,但东道国也必须对外国人的投资给予一定保护,不可以随意征收外国人资产。

20世纪40年代后,友好通商航海条约兴起,不仅适用于发达国家与发展中国家之间,也适用于发达国家之间,因此极大促进了国际投资的发展。比如,1946至1966年,仅美国就签署了二十余个友好通商航海条约,对投资保护的力度加大,其中有10个条约是与第一世界国家签署的。友好通商条约的兴起受到当时世界格局的影响,它不是主要服务于国家间的投资关系,而是服务于地缘政治关系,本质上是以投资资本的输入换取政治支持。

相对于政治色彩较强的友好通商航海条约,双边投资条约主要服务于经济目的。最早的双边投资条约是1959年原联邦德国和巴基斯坦之间订立的。起初,双边投资条约不过是新瓶装旧酒,与友好通商航海条约几乎并无太大差别,然而,在加入了保护伞条款(umbrella clause)之后,其创新性便得到了充分体现。正是通过保护伞条款,双边投资条约将东道国对私人投资者的保护义务用条约的形式确定了下来。最初的双边投资条约主要是发达国家与发展中国家签订的,但是自20世纪80年代开始,在发展中国家之间也开始签订双边投资条约,这表明其作为国际投资法的主要形式已经被各国所普遍接受。双边投资条约在今天依然是国际投资法的重要渊源,许多国家都制定了各自的范本,从而为今后的谈判打好基础。

随着区域一体化进程开启,在自由贸易协定中加入投资章节也是目前国际投资实践中通行的做法。这种形式在北美自由贸易区(North American Free Trade Area, NAFTA)的法律文件中得到了很好体现。通过投资章节的设定,NAFTA将原来美国与加拿大的双边投资协定转变为了美国、加拿大、墨西哥三边的投资协定。目前,在《全面与进步跨太平洋伙伴关系协定》(Comprehensive and Progressive Agreement for Trans-Pacific Partnership, CPTPP)、加拿大和《跨大西洋贸易与投资伙伴协议》(TTIP)等大型自贸协定中都设定了投资章节。

此外,私人投资者和国家之间达成的投资协议也是重要的国际投资法渊源。在投资仲裁中,作为争议双方的"特殊法",投资协议是必须参考的重要文件。

全世界共有的双边投资条约、含有投资条款的条约和各种形式的投资协议,他们构成了现代国际投资法律体系的主体。由此可见,国际投资法律制度是随着各国国际投资的实际需求而自发产生的。但是,这同样导致了一个问题,即如何协调这些繁芜的法律? 例如,当双边投资条约和投资协议发生冲突时,应当如何处理? 因此,在国际投资法的进化过程中,同样出现了在建立一个顶层多边法律框架的需求。然而,仅有的两次建构国际投资多边法律框架的尝试都未能成功。20 世纪 60 年代,经济合作与发展组织(Organization for Economic Co-operation and Development, OECD)起草了《保护外国人财产公约草案》(The Draft Convention on the Protection of Foreign Property),但该草案最终没有被各国通过成为国际公约。经合组织此后又在 1995 至 1998 年做了第二次尝试,并启动了《多边投资协议》(Multilateral Agreement on Investment)的谈判,试图建立多边国际投资体系。

(二)实体内容的演化

在实体内容上,国际投资法同样表现出自下而上的演化特征。国际投资法的一些核心制度,如投资的定义、投资待遇、征收及补偿等方面的法律规则都是由行为体不断互动、反复博弈最终生成的。

投资的定义在以横向结构为特征的国际投资法律体系中特别重要,因为其直接决定了法律的调整范围。因为在国际投资法领域,并没有一个宪章性的核心文本,因此缔约双方对于投资的定义就有很大自主决定权。对于何为投资,国际投资法上没有一个统一的、一成不变的概念。在诸多国际投资协定对投资定义比较普遍的有以财产为基础的定义、以企业为基础的定义和以商业存在为基础的定义。此外,一些仲裁裁决对投资下的定义也具有重要影响,如 Salini 公司诉摩洛哥案就确定了投资定义的四要素:①资本或其他资源的投入;②持

续的合同履行期间;③承担交易风险;④对东道国发展有贡献。值得
注意的是,《关于解决国家与其他国家国民之间投资争端公约》(Con-
vention on the Settlement of Investment Disputes Between States and Nation-
als of Other State,以下简称为《1965 年华盛顿公约》)在起草和谈判过程
中就投资的定义展开了广泛讨论,但关于投资是否应当确定一个最小
金额标准、是否应当仅仅计算增量、是否应当设立时间限制等始终难
以达成共识。最终,《1965 年华盛顿公约》的重要起草人阿隆·布罗奇
斯(Aron Broches)的建议得到了采纳,即不在条约中对投资给予定义,
将其留给成员国在条约中或当事方在具体投资协定中自行决定。这
种当事方意思自治的模式本质上也顺应出国际投资法的渐进演化
特征。

在投资待遇上,国民待遇原则、最惠国待遇原则、公平公正待遇原
则起初都没有明确的定义,都是在习惯、条约、协议和仲裁判例中逐渐
明晰的。除了习惯法与仲裁实践之外,公平公正待遇在双边投资条约
或自贸区条约的投资章节中也得到了发展,其中还有许多条约将公平
公正待遇与习惯国际法或一般国际法原则相挂钩。在大多数条约中
的公平公正待遇规则都非常笼统。随着全球化的发展,新增的条约
中,为了对仲裁机构的解释权加以限制,公平公正待遇得到了更加清
晰的界定。由此可见,《全面经济贸易协定》中对公平公正待遇的规定
其实仍然源自习惯法和仲裁判例中的规则。

二、国际投资法何以被遵守

国际投资法是否被遵守是一个很难用事实检验的问题。但是总
体而言,就法律的运转而言,国际投资法基本促进并保障了国际直接
投资行为的正常开展。

国际投资法之所以能够被遵守,和其高度的灵活性和适应性有
关。国际投资法律规则,尽管存在不足,但却能根据实际情况,通过双
边投资协定、自贸区协定和判例法不断适应所有行为体的需求。国际
投资法固然受到很多批评,投资者和东道国、发达国家和发展中国家

都能举出诸多例子,然而国际投资法律制度却能够得以在高度竞争中保持动态稳定。例如,随着近些年新兴国家的快速发展,发展中国家也开始对发达国家投资,发达国家在一些仲裁案例中甚至成为被诉方。鉴于此,美国早在2012年就修改了其双边投资协定范本,强调了东道国对外国投资的管理权,很大程度上纠正了旧范本中对投资者的偏向性。

由此可见,在横向结构的国际投资法领域中,法律的修改相对而言比较容易,可以随着形势的变化而调整,体现了灵活性优势。简言之,正是因为船小好掉头,国际投资法总体上与行为体的现实需求非常契合,从而有助于行为体对法律的遵守。

三、全球投资治理未来发展方向

要有针对性地讨论全球投资治理的未来发展方向,需要从具体的案例出发。

2016年9月,在二十国集团杭州峰会上,各国领导人核准了《二十国集团全球投资政策指导原则》(G20 Guiding Principles for Global Investment Policymaking,以下简称《指导原则》),在全球投资治理中具有里程碑意义。习近平主席在杭州峰会闭幕演讲中指出:"我们制定了《二十国集团全球投资指导原则》,这是全球首个多边投资规则框架,填补了国际投资领域空白。期待在我们共同努力下,在强劲的国际贸易和投资推动下,世界经济将重新焕发活力,经济全球化进程将继续蓬勃发展。"

《指导原则》正式开启了全球投资治理自上而下的进程。首先,G20成员涵盖了全球主要经济体,包括发达国家和发展中国家、西方国家和非西方国家,其经济产出占全球超过80%,贸易额占全球超过70%。因此无论在体量上还是代表性上都具有开启自上而下治理进程的实力。其次,《指导原则》凝聚了国际社会在投资领域的共识,就一些国际投资法上的核心问题确立了九项原则,是国际投资体制框架的浓缩版。其中一些原则,是以往自下而上的治理模式所忽略的,比如对投资者企业责任和政府对投资的监管权的强调,就是试图纠正以往国际投资法过于偏袒投资者的现象。最后,《指导原则》在全球层面确定了全球投资治理的价值:一是营造开放、透明和有益的全球投资政策环境;二是促进国际国内投资政策协调;三是促进包容的经济增长和可持续发展。相对于自下而上的国际投资法过于偏重投资保护,《指导原则》在顶层设计上提出了格局更为广泛的价值理念,如过去一直被忽视的可持续发展。

当然,《指导原则》仍属于软法范畴。《指导原则》在形式上并非国际条约,仅仅是一种宣言性质的文件,提出了关于各国投资政策的非约束性原则。然而,这仍然符合自上而下治理模式中软法选择的基本规律。事实上,从《指导原则》的文本可以看出,尽管少数条文比较模糊,对诸如"投资""非歧视""公共政策目的"等概念并没有给出清楚的界定,但是条文第九条确立了国际合作原则,意味着各国承诺今后还将进一步加强合作,致力于推进国际投资治理。在2017年二十国集团德国汉堡峰会上,各国再次承诺将寻求并识别相关战略,为外商直接投资提供便利和保护。

更为重要的是,如果全球投资治理自上而下的模式能够得到进一步发展,从目前的软法性质的原则走向硬法性质的规则,国际监督机制将在未来可能出现的硬法中发挥重要作用。自2008年以来,二十国集团就授权联合国贸易和发展组织、世界银行和经合组织对G20各国的投资措施进行监督,并提交年度报告,报告的内容包括各国对外直接投资的发展、投资政策措施、总体政策影响等。这份监督报告至今已完成了20份,并得到了历届G20峰会的确认,因此这种国际监督的做法在未来大概率地会被保留下来,尽管监督主体可能会发生变化。

与国际贸易领域相似,即便全球投资治理完全建立了一套自上而下的体制,传统半私法性质的国际投资法体系也不会因此瓦解,从而形成自上而下的公法与传统半私法相结合的新体制。因而,争端解决机制也会有所保留,以继续适应这种制度体系。

当然,在全球投资治理中,这种自上而下的治理模式的发展依然将是缓慢而曲折的。建立自上而下模式的阻力已经有所体现。比如,联合国贸易和发展组织、世界银行和经合组织已经向2016年G20贸易投资工作组提交了《二十国集团投资便利化行动方案草案》,期待先在一个相对容易的领域即投资便利化上向组织化的方向更进一步,然而美国却有着不同的看法。因此,在2017年的德国汉堡峰会上该草案并没有如预期的那样被各国所核准。历史地看,国际投资法之所以没有形成一个完整法律体系,主要是因为各国在一些核心问题上难以形成共识。之所以会出现这种现象,归根到底还是因为在全球投资领域的底层秩序难以形成。经过了长久的互动,应当说在投资领域的确是出现了一些自生自发秩序的色彩,但离其真正形成还有很大差距。投资者与东道国、发展中国家与发达国家对投资制度的理解依然存在很大分歧,在可见的将来难以形成足以产生总体性内部规则的共识。

综上所述,从各国领导人核准的《二十国集团全球投资政策指导原则》可以看出,未来全球投资治理是以自上而下的趋势为方向,并进一步促进经济全球化的发展。

参考文献

[1]封玥辉.全球治理中国际法的地位与作用研究[D].哈尔滨:黑龙江大学,2019:23.

[2]耿卉.全球化背景下国家治理的国际法路径探讨[J].法制博览,2018(18):194.

[3]郭美蓉.网络空间治理中的国际法路径[J].信息安全与通信保密,2019(05):48-55.

[4]何驰.国际法上的非政府组织:理论反思与重构[J].中外法学,2020,32(03):826-839.

[5]何志鹏.从国际主义到国际法治:中国共产党全球秩序理念的百年演进[J].吉林大学社会科学学报,2021,61(01):5-23+235.

[6]江河.从大国政治到国际法治:以国际软法为视角[J].社会科学文摘,2020(04):80-82.

[7]蒋力啸.全球治理视角下国际法遵守理论研究[D].上海:上海外国语大学,2019:35.

[8]蒋小杰,杨镇宇.全球治理秩序的证成逻辑探析[J].云南民族大学学报(哲学社会科学版),2020,37(03):30-40.

[9]李猛.全球治理变革视角下人类命运共同体理念的国际法渊源及其法治化路径研究[J].社会科学研究,2019(04):72-86.

[10]刘东方.全球经济治理制度性权力国际法视角分析[D].上海:华东政法大学,2017:19.

[11]柳华文.论进一步加强国际法研究和运用[J].国际法研究,
2020(01):3-15.

[12]马忠法,赵建福.全球治理语境下的商业组织与国际法[J].
学海,2020(01):166-176.

[13]马忠法.论构建人类命运共同体的国际法治创新[J].厦门大
学学报(哲学社会科学版),2019(06):21-31.

[14]彭芩萱.人类命运共同体的国际法制度化及其实现路径[J].
武大国际法评论,2019,3(04):7-19.

[15]宋效峰.习近平国际法治思想探析[J].佳木斯大学社会科学
学报,2019,37(01):12-15+20.

[16]孙吉胜.当前全球治理与中国全球治理话语权提升[J].外交
评论(外交学院学报),2020,37(03):1-22+165.

[17]陶南颖.论国际法治研究的西方中心主义视角与中国视
角[J].法制与社会发展,2020,26(03):188-206.

[18]于谨茜.国际法上的"保护责任"研究[D].青岛:青岛大学,
2020:46.

[19]张力,李文婧.充分发挥国际法的作用 深入参与和引领全球
治理[J].人民法治,2019(10):112-115.

[20]赵勇.国际法发展新趋势与非政府组织的参与[J].海峡法
学,2019,21(04):45-54.

[21]周鲠生,陈一周.国际法[M].北京:商务印书馆,2018.

[22]邹龙妹,黄秋丰.国际法[M].北京:法律出版社,2018.